Photo courtesy of Google

Este libro está dedicado al fallecido Shel Silverstein: autor de The Giving Tree (El Árbol Que Regala), del cual dijo: "Es sólo una relación entre dos personas; una da y la otra toma". Shel, que El Troncón Que Regala difunda el significado de tus palabras en The Giving Tree, para que las personas cesen de usar tu historia eterna para glorificar el autodesprecio. Que cesen de inculcar a nuestros hijos a hacer lo mismo.

Gracias. Te escucho. Te entiendo. Honro tu simple genio.

El Troncón Que Regala

...el resto de la historia

A Laurel Production

Si alguien corrompe el núcleo de tu ser y tu sentido de la realidad, si alguien te hace creer: "Mira, el amor no es real. Los humanos no son compasivos y cariñosos; son monstruos depredadores que tomarán tu amor y lo utilizarán contra ti, te torturarán, incluso hasta la muerte..." Ahora, para las personas que no han estado en relaciones narcisistas abusivas, (quienes) no saben qué tan complejo es el TEPT (Trastorno de Estrés Post-Traumático), dirán: "Eso es demasiado dramático. Nadie está siendo torturado. No te están torturando hasta la muerte..." Bueno, cállate!; no sabes de qué estás hablando. A menos que hayas pasado por ello, no sabes lo que es, y no puedes hablar. Este no es tu terreno. No deberías estar aquí.

~Richard Grannon, SpartanLifeCoach
YouTube: Effects of Narcissistic Abuse
(Efectos del Abuso Narcisista)

Contents

Laurelleecozzuli.com

Género y Narcisismo

Las estadísticas del narcisismo muestran una tendencia ligeramente mayor en los hombres. Sin embargo, tanto hombres como mujeres (y todos los intermedios) pueden ser narcisistas (o encarnar condiciones de salud mental que imitan el narcisismo). Además, tanto hombres como mujeres (y todos los intermedios) son vulnerables a este tipo de abuso. De acuerdo con los personajes de la historia de *El* Troncón *Que Regala*, me refiero al abusador como '*él*' y a la víctima como '*ella*'. Estas referencias son consistentes a lo largo de este libro y en las secciones de discusión. Esto es sólo para simplificar.

¿Por qué las malas palabras en este libro?

Las llamadas 'malas palabras' utilizadas en este libro son intencionadas y no se deben a la falta de educación o a la ignorancia por parte del autor. Lo más preocupante para algunos lectores pudiese ser el uso de la palabra con 'z' por Muchacho cerca del final de la historia. El uso de este mortificante insulto por Muchacho, es seguido por el diálogo de él y Troncón al respecto del mismo, demostrando hasta dónde llegará un narcisista en sus esfuerzos por manipular a su víctima. Sin que Troncón lo sepa, sus metas furtivas son 1) hacer que ella crea y acepte que él no quiso decir nada con eso, y 2) hacer que ella asuma la culpa de que él la haya insultado con la palabra con 'z' en primer lugar. ¿Metas absurdas? Claramente. Sin embargo, debido al dominio que tiene sobre la vida de Troncón, Muchacho las cumple en muy poco tiempo. Explorar estas tácticas de engaño en el contexto de este libro puede ahorrarte la agonía de tratar de navegar por ellas en la vida real -si es que llegasen a aparecer-. Si estás involucrada/o con un/a narcisista, es muy probable que use dichas tácticas.

Prefacio

El Troncón Que Regala fue escrito en respuesta al querido clásico de 1964 de Shel Silverstein, The Giving Tree (El Árbol Que Regala). A través del genial cuento de Shel de ambigüedad épica, el lector se queda a pensar si las acciones de Árbol al darle a Muchacho todas sus manzanas, ramas y tronco, son altruistas y amorosas; o si son autodestructivas y permisibles. *El Troncón Que Regala* toma las generosas y amorosas inclinaciones de Árbol hacia su ingrata y egocéntrica pareja -y las pone en práctica-.

Para el propósito de este libro, Muchacho (que estaba más cerca de un hombre de 95 años en El Árbol Que Regala) ha sido 'desenvejecido' a un hombre robusto de 65-70 años. Elegí hacer esto porque él necesita la fuerza y energía para llevar a cabo sus trucos de manipulación. No podría haber hecho funcionar el diálogo que aquí presento con un hombre de 90 y algo de años.

El Troncón Que Regala contiene los típicos diálogos y comportamientos narcisistas que se dan entre el abusador y el abusado. Desde la primera página, se lleva al lector al corazón y alma del abuso narcisista, con el único propósito de crear conciencia. Todo esto se hace a través de una tonta relación entre un hombre y un troncón.

El abuso narcisista se ha convertido en una frase que abarca gran parte de la variedad de abusos en la sociedad. Esta declaración no pretende trivializarla, sino asentir a la cruda realidad de que tú sabes lo que quiero decir con 'variedad de abusos'. Esto también se convierte en una trivialización del narcisismo -que, por cierto, es una característica[1]- no un diagnóstico[1]. El resultado es que la sociedad se enfrenta actualmente a un problema generalizado, aunque oculto y en crecimiento exponencial, con muy pocas formas sencillas y prácticas de identificarlo, detenerlo y transformarlo.

---

[1] Esta información es de el Dr. Ramani Durvasula, psicólogo y experto en narcisismo.

Además, **el abuso narcisista rara vez es obvio**. La mejor manera de detectar el abuso narcisista es observando cuidadosamente a la posible víctima. Los síntomas incluyen: agotamiento, nerviosismo, fatiga suprarrenal, sensación de invisibilidad, incapacidad de tomar control de la vida, niebla cerebral, desánimo (una mirada demacrada o vacía en los ojos), respuesta hiperactiva, hipervigilancia, pesadillas, insomnio, una sensación de impotencia, falta de confianza, aislamiento, la aparición o el empeoramiento del abuso de sustancias, ideas suicidas, agorafobia, autodesprecio, negación de sí misma/o, incapacidad para describir por qué se siente tan confundida/o, enojada/o o atascada/o, actuación extraña o excéntrica, aparición de hábitos que son raros en la persona, ser demasiado complaciente y excesivamente cautelosa/o en su hablar y actuar, y una incapacidad para señalar o articular el abuso que ha sufrido.

Si tú observas estos síntomas en alguien, sé un/a pensador/a crítico/a. Dale a esa persona este libro. No dejes que un narcisista potencial te triangule en contra de una víctima. El proceso para salir de una relación abusiva es difícil, y a veces peligroso. Los abusadores son confabuladores y vengativos con una programación neurológica interesada; son extremadamente inteligentes para convencer a otros de que su propia patología existe en su(s) víctima(s).

Laurel Lee Cozzuli

Laurel Lee está ampliamente capacitada en varias técnicas y protocolos de sanación de traumas clínicos. Trabajó durante ocho años como terapeuta de salud mental en Arizona, EE.UU. La mayoría de sus clientes fueron víctimas de agresión sexual, crímenes violentos, abuso narcisista y violencia doméstica. Durante los últimos 25 años, ella ha estudiado y practicado ampliamente (y sigue estudiando y practicando) técnicas de psicología energética, prácticas de transformación de vida y metodologías de sanación espiritual. Ella es Master de Reiki egresada de Sunlight Alliance2 (Alianza Luz de Sol) [2] y una Divine Healing Hands Soul Healer (Sanadora Espiritual con Manos Sanadoras Divinas) egresada de el Institute of Soul Healing and Enlightment3 (Instituto de Sanación Espiritual e Iluminación).[3]. Como una (ahora recuperada y próspera) víctima de abuso narcisista, ella es optimista acerca de la reciente fusión de los campos de la salud mental con la sanación espiritual en general. Ella sabe, de primera mano, que la sanación y prosperidad después de un abuso narcisista requiere un enfoque integrado y holístico.

Sus opiniones inquebrantables sobre los fuertes límites interpersonales y las relaciones sanas, surgen no sólo de su fuerte percepción obtenidas como víctima, sino también como terapeuta clínica y practicante espiritual. Su atrevido estilo de escritura desmitifica y expone los típicos trucos resbaladizos del abuso narcisista que de otra manera permanecerían ocultos para la mayoría.

A pesar de su sincera dedicación a los principios espirituales del perdón, el amor y la compasión, Laurel es una voz enfática en contra de la práctica de 'perdonar y olvidar' que se enseñan en la mayoría de las

---

[2] https://sunnydawnjohnston.com/sunlight-alliance-foundation/
[3] https://www.drsha.com/

doctrinas religiosas y espirituales de hoy en día. Cuando se trata de sanar traumas emocionales impotentes, la práctica del perdón a menudo refuerza los ciclos de abuso arraigados y, lamentablemente, fortalece el diferencial de poder entre el abusador y el abusado. En cambio, Laurel enseña un enfoque integrado y psicológicamente sólido del perdón: uno que empareja los límites interpersonales saludables con la congruencia física, emocional, mental y espiritual.

En el año 2012, Laurel se alejó con lágrimas en los ojos de su licencia de consejera y de su carrera como terapeuta después de descubrir (por las malas) pruebas indiscutibles de abuso narcisista desenfrenado en su lugar de trabajo: una prominente agencia de salud mental en Arizona, así como el morbosamente corrupto Arizona Board of Behavioral Health Examiners (Consejo de Examinadores de Salud Mental de Arizona). Completamente destrozada, se centró en su propia sanación. Pronto comenzó a escribir para educar a las masas sobre las señales de alarma, los peligros y los síntomas del abuso mental y emocional encubierto, no sólo en las relaciones familiares y de pareja, sino también en el lugar de trabajo. También detalló los complejos traumas y las consecuencias de por vida que a menudo resultan de ser el objetivo y víctima de un narcisista u otro abusador intencionado.

El Troncón Que Regala es el primero de una serie de cuatro libros que lleva a los lectores a través de la agonía de reconocer, sobrevivir, sanar y prosperar después del abuso narcisista.

Introducción

(Por favor léelo – ¡importante!)

Estás a punto de ser educada/o por un troncón de árbol y su novio inadaptado.

El proceso de escribir este libro fue muy exigente para mí en muchos niveles. Primero, me obligó a reconocer mis experiencias personales de abuso narcisista, lo que me ha costado, y por lo que he pasado para poder sanar de ello. Segundo, a lo largo de los años, he desarrollado una aversión a la palabra *víctima*. Yo, como muchos de ustedes, he escuchado los adagios: *NO somos víctimas de abuso, sino participantes voluntarios y creadores de nuestras propias vidas y circunstancias. No existe tal cosa como 'víctima'. Elegimos todo lo que entra a nuestras vidas. Identificarse a sí misma/o como víctima es tirar a la basura tu propio poder. Bla, bla, bla…*

Si tú has hecho algún tipo de crecimiento personal o prácticas espirituales, probablemente has escuchado estos adagios una o dos veces. Por muy ciertas que sean estas verdades en un nivel metafísico, como todas las cosas puras y sagradas, muy a menudo se esgrimen de una manera que absuelve al abusador de la responsabilidad de sus acciones. Si tú eres como yo, te has sentido al menos un poco invalidada/o, confundida/o y resentida/o por esta noción de que los comportamientos abusivos de otra persona son culpa tuya. Espera... ¿no es el culpar a la víctima un sello del narcisismo? Mmm...

Mi tercer reto, fue escribir la sección *Desglosando La Locura*. A veces, estaba tan indignada al tratar de desenredar las manipulaciones ocultas de Muchacho que me enfermé físicamente; a menudo necesitaba hacer TLE[4] y utilizarlo como terapia . Dicha técnica excavó en mi propia herida oculta. Me picó. Me desentrañó. Me dejó vulnerable, ansiosa y cruda. Sin embargo, perseveré. El proceso fue en última instancia perspicaz y fortalecedor. Me di cuenta de lo mucho que ahora entiendo el narcisismo y sus efectos atroces en los seres humanos -y que debe ser expuesto tal como es-. Ser capaz de llevar este conocimiento a los demás ha valido la pena cada punzada, cada miedo, cada lágrima que ha rodado por mi cara mientras que mis dedos estaban a máxima velocidad sobre mi teclado y exponían la verdad de esta bestia con ropa de ángel. Es como si cada palabra de *El Troncón Que Regala* ha arrancado triunfalmente un poco de mi alma para dársela a los estómagos vacíos de los hambrientos.

Bueno... eso es un poco dramático. Pero en realidad, describe lo que es. Los narcisistas son agujeros negros hambrientos con moralidad falsa. Ellos quitan. Absorben vorazmente la energía de fuerza vital de otros con cualquier medio posible. No siguen

---

[4] TLE significa Técnica de Liberación Emocional que implica golpear suavemente con los dedos los puntos de presión en el cuerpo. En inglés, se conoce como Emotional Freedom Technique (EFT).

ninguna regla, ni social ni personal. Si tú estableces reglas, explícitas o implícitas, las doblarán, las romperán, las ignorarán, las cambiarán según sea necesario, porque creen que sus propias agendas son mucho más importantes que cualquier regla estúpida.

Liberarme de mis vórtices del narcisismo ha significado todo para mí. Pasé de ahogarme en lodo espiritual y adular la mentira, a reconocer el *zombi-con*, a liberarme de él, y finalmente, prosperar en la soberanía de ser 100% *yo*. La vida es mucho mejor cuando no te preocupas por lo que los demás piensan de ti. ¿Quién lo diría? Es como... vivir de verdad.

Mi querido/a lector/a, tal vez tú hayas aceptado tu indefinida rutina como una forma de vida. Tal vez vives bajo suposiciones y condiciones que ni siquiera has cuestionado. Un pez no sabe que está en el agua. Una víctima no sabe que está en una sopa narcisista. Afortunadamente, te darás cuenta muy rápidamente si has sido víctima o no a través de la lectura de este libro. ¿Cómo lo sabrás? Bueno, probablemente termines muy enojado/a. (Mm... ¿perdón? Y de nada.)

La ira se toma como mal en la mayoría de los círculos terapéuticos y espirituales por las mismas personas que promueven la noción de que no existe *una víctima*. La ira mal dirigida es absolutamente destructiva. Sin embargo, si se utiliza para su verdadero propósito, la ira se convierte en una parte crucial del proceso personal de sanación y transformación. Hablaré más sobre este concepto en los próximos tres volúmenes de la serie *Los Diarios de Troncón*.

Mi último reto al escribir este libro fue: aparentemente no había forma de escribirlo sin burlarme ostensiblemente o transmitir un juicio hacia los narcisistas. Esto es super mal visto en los lugares de sanación emocional y espiritual de hoy en día. Aunque, en realidad, no me estoy burlando o juzgando. Simplemente estoy informando la verdad acerca de los narcisistas. Y ellos son tan... patéticos en sus actitudes y manipulaciones, que parece que me estoy burlando de ellos.

Supongo que podría haber suavizado mi escritura para apaciguar a los que se esfuerzan en la necesidad de minimizar y dar forma a la cruda verdad en afables y universalmente aceptables artilugios de poder. También podría simplemente referirme al *juicio* aquí como *discernimiento*, y luego exagerar el significado más profundo de todo el dolor y la devastación que estos paganos me han causado a lo largo de los años. Y así todo el mundo me amaría. Dirían que soy *cariñosa* y *agradable* y *capaz* de ponerme por encima de los comportamientos de los demás y toda esa mierda. ¡Tentador, te digo!

No, gracias. Ya he desperdiciado demasiada preciosa energía de mi fuerza vital en búsquedas de aprobación tan ignorantes. Además, necesito protegerme conscientemente de mi inclinación, como empática en recuperación (también conocido como codependiente), de aplastar, reformular y trabajar exhaustivamente en extraer mis *lecciones de vida* de la mierda oportunista, retorcida y egoísta de otras personas. No hay nada que yo haya *aminorado o encogido* en este libro. Si quieres cosas espirituales aminoradas, ve a otro lugar. Puedes encontrar más información acerca de los peligros del aminoramiento espiritual de la mierda narcisista en AminoraloYMuere.com. (Es broma…)

Lo feo y la disfunción que se muestra en este libro es indicativo del narcisismo en sí mismo -y no mi supuesto juicio sobre ello-. Todo lo que hice fue escribir la verdad sobre ello. Y salió *feo*. (¿Quién lo diría?) Por mi propio bien (y el tuyo) necesitaba escribir este libro tan verazmente y sin ambigüedad como fuese posible, sin ningún lugar para que los narcisistas se escondan, nada para que ellos manipulen, y en una oratoria que exprese la realidad de cómo son sus manipulaciones... no lo que las víctimas quieren que ellos sean. Sé que parece que me estoy burlando de los narcisistas. Pero en realidad no lo hago. Bueno, supongo que sí... un poco. Pero esto también es a propósito, porque reírse del narcisista le quita poder, y le da poder a sus víctimas.

Mi objetivo con *El Troncón Que Regala* es enfocarse en la realidad del abuso narcisista, no hacer un baile *hippie* sin sentido a su alrededor. Dios sabe que tenemos suficientes libros de esos en el mercado. Eventualmente, sí, las lecciones espirituales emergen, y verás, con gracia y gratitud, por qué has pasado por tan terribles experiencias. Pero nunca llegarás allí auténticamente sin descubrir primero quién eres tú sin la aprobación de los demás. Nunca llegarás allí hasta que recuperes tu poder y seas capaz de protegerte de una mayor explotación. No podrás dar un paso hacia la gracia y la gratitud sin ver primero los colmillos de la bestia invisible con la que has estado luchando.

Mis compañeros amantes abraza árboles y moradores espirituales: Los respeto. Los adoro. Los entiendo. Por favor... no desestimen mis puntos aparentemente audaces aquí. Son demasiado importantes para encubrirlos. Por ahora, decimos la verdad de este/a conspirador/a cruel en un lenguaje claro y presente. En este libro, somos dueños de la realidad de lo que él / ella nos ha costado. Y, ocasionalmente, nos reímos de él / ella.

¿Mi enfoque es espiritual? Dios... ¿quién sabe? De cualquier manera, se siente bien. Habrá gente, incluso en mis propios círculos espirituales, que levantarán las cejas mientras leen este libro. Pueden decirme que es *duro y crítico*, y que he creado *mal karma* al escribirlo. Sin embargo, antes, ¿qué he logrado con el NO escribirlo? ¿Qué he logrado estos últimos ocho años encogiéndome en mi propia patética condición y escondiéndome en mis santuarios espirituales? ¿Esperar en secreto a que mis abusadores confiesen sus errores, los corrijan ante el mundo y finalmente me liberen de sus mentiras dominantes y perdurables? ¿Cuál ha sido el beneficio de que no me enfrente y diga la verdad sobre lo *que realmente pasó* con mi otrora vida alegre y próspera? Recuerda mi buen/a lector/a: no crearás karma de mierda de pollo. Estoy bastante segura de esto.

En este punto de mi vida tengo la habilidad única de traer a otros esta consciencia tan necesaria a través de mi experiencia como ex-terapeuta de trauma y como sobreviviente próspera del abuso narcisista. Es como si yo hubiera sido llamada espiritualmente a una autenticidad radical. Por lo tanto, en este libro, NO identifico los *problemas* como *desafíos*. No identifico el *dolor* como *retroalimentación*. No categorizo a los *abusadores* como *maestros* o a las *víctimas* como *participantes*. ¡Por el amor de Dios, gente! Las víctimas ya están bastante confundidas. Nuestro dolor ha sido minimizado y pervertido lo suficiente. Y ciertamente, este asunto ha sido bastante enrevesado por la nubosidad, la proyección y las desviaciones que se producen en el corazón del mismo. No puedo, conscientemente, contribuir a esta red narcisista usando una jerga potencialmente confusa y azucarada que sólo servirá para confundir a las personas a las que intento llegar.

A pesar de su dureza, este libro fue de hecho, divinamente inspirado. Si lo hubiese escrito con un estilo reverente, '*oh, mira que piadoso soy... ¿tengo tu aprobación?*' Lo hubiese aborrecido. Obviamente, un enfoque tan poco auténtico de cualquier cosa es un desperdicio total de un todo.

Sé lo que este libro hubiese significado para mí hace ocho años. ¿Tienes idea de cuántos seminarios de psicología, coloquios de auto-sanación y libros de *florecitas rosas* leí tratando de arreglar mi vida de mierda de tres *rings de pelea*? Exactamente 853. Ni uno solo de ellos pudo arreglar el verdadero problema: que yo sin saberlo, estaba siendo abusada narcisistamente en múltiples áreas de mi vida. ¡Maldita sea!

Aunque reconozco que todo eso fue, de hecho, mi camino, también es la razón por la que escribí este libro exactamente como lo hice. No necesitaba otra clase de psicología, *meme* de sabiduría, o pasaje espiritual esotérico para entender por qué mi vida se había estancado en una pila humeante de estiércol de hipopótamo. Lo que necesitaba era **entender** a qué me enfrentaba y por qué no podía controlar nada sustancial. Una vez que lo entendí, hice lo que hace Laurel: tomé responsabilidad de la situación y me sumergí directamente en ella (dentro de mí, no enfrentándome o lamentándome con mis abusadores) para encontrar y sanar las partes dolidas, rotas, enterradas y heridas de mí que me hacían susceptible a este horrendo abuso en primer lugar. Sólo entonces mis 853 libros leídos significaron nada sustancial ni aplicable en mi vida.

Esta profunda transformación de vida... es demasiado buena como para no compartirla. Para cumplir mi misión de ayudar a tantas personas como sea posible que están sufriendo de la misma manera, necesitaba una historia narcisista como referencia... una que ejemplificara la cruda verdad sobre el diálogo encubierto y abusivo, presentada de una manera directa, agradable y un tanto ridícula. No pude encontrar una. Así que escribí una. Luego la analicé y la puse toda en un libro. ¡Voilà! *El Troncón Que Regala.* ¡Aquí voy!

Por cierto, sí, eventualmente, perdonar a tus abusadores (perdonar auténticamente -no un perdón encubierto o inducido por la culpa-) será *muy importante* para tu transformación y tu paz personal. No hay ninguna contradicción aquí. Perdonar no significa que toleres las relaciones abusivas. Más bien, el perdón es un estado que tienes en tu propio corazón que te libera de la ilusión de impotencia. El perdón te permite tomar decisiones que son congruentes con tu verdad…

Sin embargo, el verdadero perdón no puede ocurrir si todavía estás tratando de jugar limpio con un tirano. No puede suceder si estás esperando a que pasen las tormentas tiránicas de tu abusador. No puede suceder si todavía temes o resientes subconscientemente a los abusadores, o a tus secuestradores espirituales.

El verdadero perdón no puede ocurrir en una relación que te mantenga mentalmente vigilante. No puede suceder si no estás dispuesto/a a reconocer la verdad de las acciones desmoralizantes de tu abusador que sacian su patología retorcida. El verdadero perdón no ocurre si todavía estás tratando de navegar por sus juegos mentales en la búsqueda infructuosa de su comprensión o amor. El verdadero perdón no puede ocurrir si estás perdido/a por la manía del abusador o si sigues suspirando por su vaga aprobación. Una vez que entiendas esto, toda tu vida y tu realidad cambiarán radicalmente.

Hay algo místicamente poderoso en un empático/a iluminado/a: es decir, uno/a que ha sido quebrantado/a por un narcisista... y lucha para contarlo. Un empático/a iluminado/a es un portador de la verdad seguro/a de sí mismo/a, integrado/a y convincente. Ve y trasciende las manipulaciones encubiertas de los *falsos dioses*: las personalidades deslumbrantes que apestan de carisma, falso encanto y falsas virtudes... que, sin previo aviso, se transforman cruelmente en engaño, locura e intimidación. Un empático/a iluminado/a tiene la habilidad única de despojar de poderes imaginarios a las almas depredadoras que sólo pueden sobrevivir manipulando y devorando a los confiados, perdonadores, aduladores y sumisos. El empático/a poderoso/a está bendecido/a con la autoridad divina de decir la verdad perfectamente con amor auténtico. Está inmunizado/a esotéricamente contra los engaños de aquellos que una vez lo/a gobernaron sin corazón. Y de alguna manera tiene la desfachatez de perdonar a los cretinos chupa-almas.

¿Quieres tú ser así? Tu primer paso es comprender exactamente cómo el abuso mental se ve, se siente, suena, huele y sabe. Aunque esto no es tan divertido como meter la cabeza en la arena o adormecerse con vino, sin comprender las tácticas de manipulación de múltiples capas, facetas y niveles del abuso narcisista, cualquier esfuerzo de sanación que hagas para arreglar tu vida probablemente resultará frustrantemente inútil. Necesitas conocer a este tirano/a por dentro y por fuera si alguna vez esperas ser más listo/a que él / ella. Necesitas saber qué te hace vulnerable a sus ataques, y qué necesitas sanar dentro de ti para que puedas protegerte de dicho maltrato en el futuro.

El primer libro de esta serie, *El Troncón Que Regala: el resto de la historia,* trata sobre hacer consciencia sobre el abuso narcisista. *Hacer consciencia* es el primer paso crucial en cualquier proceso de sanación, y el que a menudo se descarta por la desesperación de la víctima para aliviar el dolor emocional. Por muy desagradable que sea para ti, la lectura de este libro te dará el conocimiento necesario para comenzar tu proceso de recuperación de tu preciosa alma. Tal proceso vale la pena en cada punzada, cada miedo, cada lágrima que llegue a rodar por tu cara cuando la verdad se te revele, línea por línea.

A la luz de esto, mi querido/a lector/a, te doy, en toda su explotada gloria: *El Troncón Que Regala.*

"Eres un troncón muy duro", dijo Muchacho con desdén. Cambió su asiento, tratando de ponerse cómodo. Troncón sintió que sus raíces temblaban con una disparidad familiar. Ella pensó en todas las formas posibles de hacerse más suave, pero no se puede ser tan suave cuando se es un troncón de árbol. Trocón no tenía ramas y, por lo tanto, Muchacho no tenía hojas para usar de almohadas en su viejo y huesudo trasero, mientras se sentaba en ella, contemplando su miserable y jodida vida.

Ella intentó pensar en cosas felices de las que hablar para distraerlo de su incomodidad. "Muchacho, ¿recuerdas cuando te dejé cortar mis manzanas para que las vendieras?, ¿Te hizo eso feliz?"

"¡¿Tus manzanas?!" Muchacho torció sus labios con asco. "¡Dios mío, no, Troncón! Sabes que no gané ni un centavo con esos sacos podridos y llenos de gusanos."

El corazón de Troncón golpeó fuertemente y se detuvo. Estaba aturdida. ¿Qué decía Muchacho de sus manzanas preciosas y perfectas? ¿Estaban podridas? ¿Llenas de gusanos? ¡Increíble! "Mm... ¿Muchacho? Eh... tú... tú estas equivocado. Mis manzanas no estaban podridas ni llenas de gusanos." Ella habló suave pero firmemente, como se le había enseñado en su entrenamiento de auto-afirmación.

"¡Claro que sí!" Muchacho ladró.

Troncón saltó por la abrupta respuesta de Muchacho. Su corazón se estremeció. Ella estaba perpleja. Tal vez Muchacho sólo estaba confundido. Ella sabía que sus manzanas eran perfectas y deliciosas. No se las habría dado a Muchacho si no lo fuesen.

Sus manzanas pequeñas le eran muy queridas. Se las había dado a Muchacho con la bondad de su corazón para que él supiera cuánto lo amaba. Durante todos estos años, lo único que la reconfortó por la pérdida de sus hermosas manzanas fue saber que Muchacho había ganado dinero vendiéndolas... a gente hambrienta que se alimentaba de su delicia.

"Deberías estar agradecida de que te haya quitado esas terribles manzanas de las manos", dijo rotundamente. "Ni siquiera deberían llamarse manzanas. Deberían llamarse "espantos". Muchacho rió sarcásticamente. "¿Entiendes? Porque estaban espantooosas!''

Troncón no pudo responder por tratar de contener sus lágrimas. Esperaba que Muchacho no se diera cuenta de lo disgustada que estaba. Pero eso nunca funcionó.

"¿Hooola?" Muchacho se burló. "¿Qué? ¿Ahora no vas a contestarme o reírte de mis chistes? ¡Qué grosera!''

Troncón permaneció en silencio por miedo a llorar. Había cultivado sus manzanas desde pequeños brotes. Vivieron con ella durante toda una temporada. Las crió para que fueran manzanas bellas y sanas. Cuando Muchacho las cortó, le estaba dando una parte muy querida de sí misma.

Extrañamente, el mero hecho de pensar que sus manzanas estaban podridas y

engusanadas le producía una profunda y paralizante vergüenza. Por lo tanto, defender sus manzanas era doloroso y desgarrador.

Troncón quería desesperadamente corregir la mala memoria de Muchacho acerca de sus manzanas.

"Muchacho", le temblaba la voz, "mucha gente solía decirme que mis manzanas eran extremadamente deliciosas y jugosas. No entiendo por qué dirías..."

"Sabes que toda esa gente te estaba mintiendo", Muchacho la interrumpió. "Sentían lástima por ti porque, obviamente, eres un poco patética. Sabes que siempre te digo la verdad, aunque duela."

Lo que Muchacho no le dijo a Troncón fue: que realmente hizo una matanza con sus manzanas. No era suficiente dinero para pagar sus enormes deudas de juego de apuesta. Así que técnicamente, no estaba mintiendo. Además, sólo jugaba porque Troncón era fastidiosa y regañona. Él necesitaba distraerse de sus infernales quejas. Por lo tanto, obviamente, su deuda era toda la culpa de ella.

Troncón no habló durante varios minutos. Estaba retorcida de angustia, tratando de darle sentido al ridículo relato de Muchacho sobre sus queridas manzanas. ¿Cómo podía 'recordar' que sus manzanas maduras y deliciosas estaban podridas y llenas de gusanos? ¿Y era ella realmente patética? ¿Toda esa gente le estaba en verdad mintiendo? ¡Nada de eso tenía sentido! Pero Muchacho... era su alma gemela. Nunca le mentiría...

Troncón finalmente decidió ser la persona adulta y madura y pasó esto por alto... y evitar cualquier otra discusión. Sabía que el mejor enfoque para este tonto malentendido era el amor y el perdón incondicional.

¡Estaba enamorada de Muchacho! Se necesitaban el uno al otro. ¡Sabía que él estaría muy perdido sin ella! Muchacho había sufrido una infancia terrible, por eso se comportaba así. Ella sabía que se había metido en su vida para ayudarlo a romper los muros que había construido alrededor de su corazón. No podía dejar que esta mezquindad se interpusiera en su misión de rescatarlo de sí mismo.

"Te cultivaría más manzanas, Muchacho", dijo Troncón con cariño. "Mejores y más deliciosas manzanas. Pero... ¿recuerdas? Te di mis ramas para que construyeras una casa."

Muchacho le dio a Troncón una mirada de indiferencia. Volvió a poner su mirada en el suelo. "Dios, me duele el trasero."

"Háblame de tu casa, Muchacho..." dijo Troncón, tratando de distraerlo de nuevo de su incómodo asiento.

"¡¿Ay, Dios, Para qué?! Sabes que una tormenta se llevó esas ramas de mierda desde hace mucho tiempo. Tu madera era porosa y débil. Debí haber sabido que me darías madera mala para construir mi casa."

"¡¿Qué? ¿Mis ramas?!" Toncón gritó con horror.

"¡Ay, mujer, otra vez! Siempre tienes que estar regañándome por algo."

"¡Pero esas eran mis ramas, Muchacho! ¡Las necesitaba para hacer hojas y manzanas!"

"¡¿Entonces por qué me las diste?!"

"¡Porque necesitabas una casa! ¡Y te amo, Muchacho!"

"¡Pues no actúas como tal!" Muchacho respondido. "¿No entiendes? Perdí mi casa. Me convertí en un vagabundo. Porque tus ramas eran terribles, y tú lo sabías. Querías deshacerte de ellas y las descargaste en mí."

Troncón estaba totalmente incrédula al escuchar todo esto. ¿Descargarlas en él? ¿Cómo puede decir eso? Sus ramas fueron un gran regalo para Muchacho. Las extrañaba muchísimo. Su vida se había vuelto agotadora desde que se las dio. Ya no tenía hojas para absorber el sol, producir clorofila, cambiar de color en otoño o bailar con el viento de verano. Era algo horrible ser un árbol sin hojas. O ramas. Lo único que le daba consuelo era saber que Muchacho había construido con ellas una casa hermosa y robusta y estaba disfrutando de las comodidades de su propio hogar, construido con la magnífica madera que ella le dio con tanto amor.

"Tuve que mudarme al sótano de mis padres después de que se cayó." Muchacho murmuró. "Ojalá no me hubieras recordado tan terrible acontecimiento, Troncón."

Troncón, de nuevo, se sintió profundamente avergonzada, aunque sabía que Muchacho no recordaba la verdad sobre su madera. ¡Ella no le 'descargó' nada a él! Él le había preguntado a ella, totalmente desesperado, si podía darle una casa. Ella no tenía casa, pero generosamente le ofreció sus ramas para que él pudiese construir una. ¿Cómo es que Muchacho no recordaba nada de esto correctamente? Además, él nunca le había dicho que su casa se había caído, o la necesidad de mudarse al sótano de sus padres. Entonces, ¿cómo podía ella saber que no debía preguntarle acerca de la casa?

Muchacho continuó. "Hablas mucho, Troncón. Pero todo lo que haces es encajar el cuchillo con tu '¡ay, ho

Muchacho! ¡Esas eran mis ramas!' ¿Por qué me dices esto, Troncón? Esa era mi casa.'' La voz de Muchacho se quebró con emoción, una habilidad que había sido capaz de perfeccionar a lo largo de los años. Engañar a Troncón para que creyera que era ella la que estaba siendo insensible, ganaría este argumento. ¡Y así fue! Funcionó. Troncón instantáneamente se sintió como una mierda, y no contradijo más a Muchacho.

Troncón se sintió fatal por entristecer a Muchacho. ¿Tal vez ella realmente estaba siendo egoísta? Obviamente él estaba sensible por la caída de su casa. ¿Quién no lo estaría? Tal vez por eso la culpaba de haberle dado madera mala. Pero... ¡caramba! ¡Esto era totalmente absurdo! Ella sabía que su madera era de excelente calidad. Se recordó a sí misma que Muchacho tuvo una infancia difícil y necesitaba ayudarlo. Después de todo, él era su alma gemela. Tenían una conexión a nivel espiritual muy poderosa. A pesar de cómo él actuaba, ella sabía que él también la amaba. Ella simplemente lo sabía.

Troncón sabía que su única opción era perdonarlo y pasar por alto este malentendido. Realmente no era para tanto... ¿cierto? Cuando se calmó y fue capaz de tragarse su verdad a un nivel manejable, habló. "¡Muchacho, me preocupo tanto por ti! Por favor, perdóname por no haberte dado buena madera."

Muchacho se encogió de hombros. "No te preocupes por eso. Está en el pasado." Aunque él nunca, NUNCA lo admitiría, Muchacho sabía absolutamente que la madera de Troncón era extremadamente robusta y fuerte. De hecho, en ese momento, Muchacho no podía creer su buena fortuna... ¡que Árbol le diera todas sus ramas! ¡Especialmente después de haberse comportado tan grosero con ella! Después de que ella le diera todas sus manzanas, él la dejó sin ninguna explicación. ¡Eso fue muy divertido! Ella siguió llamándolo y siendo muy dulce... tratando de averiguar qué había ella hecho mal.

Por supuesto, él nunca le dio ninguna explicación de por qué ya no iba a verla. Esto la hizo enloquecer y desesperarse. *Bostezo predecible*

¡Su desesperación fue útil! ¡Él fue capaz de quitarle las ramas a cambio de nada! Por supuesto, su impresionante apariencia tuvo algo que ver con eso. Las mujeres no podían resistirse a él, y él lo sabía. Esta chica, Troncón, estaba tan desesperada por su aprobación que haría CUALQUIER cosa para conseguirla. Obviamente, Muchacho hubiese sido un tonto si no hubiese aprovechado esta oportunidad.

El verdadero problema de la construcción de la casa de Muchacho era que él no sabía realmente lo que estaba haciendo. Obviamente era demasiado listo para seguir todas las instrucciones tontas. Una vez que terminó, su casa parecía construida por una banda de monos que habían escapado de las garras de un vigilante maniático de un zoológico... y se topó al azar con una pila de troncos, un frasco de mantequilla de maní y un martillo.

En defensa de Muchacho, él se había quedado sin clavos a mitad de la construcción de su casa. Debido a que la mujer de madera le molestaba mientras cortaba sus ramas, terminó gastando todo su dinero en apuestas esa noche. Por lo tanto, no tenía dinero para comprar más clavos. Terminó usando crema de maní e hilo para papalotes para amarrar el resto de las ramas. Él ingeniosamente puso un desatascador de inodoros como soporte de la pared oeste. ¡Funcionó muy bien! *¡Direcciones mi cola!* Abrió una cerveza y dio un paso atrás para admirar su trabajo.

Lamentablemente, usando toda su crema de maní y el desatascador para estabilizar su casa, temporalmente pondría un freno a sus juegos de cama con Stella. Sin embargo, tenía la intención de comprar clavos al día siguiente para poder terminar el trabajo correctamente. Él era así de inteligente.

Luego... como que se olvidó del asunto de los clavos. Un par de semanas más tarde, una fuerte tormenta llegó y arrasó con su casa. ¡Hijo de puta! ¡Maldito sea ese árbol quejumbroso y su estúpida madera de mierda! Tristemente, también su desatascador fue arrastrado por la lluvia torrencial ese día fatídico. ¡¡MALDITA SEA!!

Troncón se sintió mal porque Muchacho había perdido su casa. Aunque era terriblemente angustioso que Muchacho no recordara su madera como de alta calidad y fuerte, sintió su dolor. Ella trató de hablar gentilmente acerca del tema, esperando que Muchacho se suavizara un poco y recordara la la verdad sobre sus ramas... ¡cuánto amor incondicional le había mostrado al dárselas! Seguramente él lo vería. Ahora mismo, más que nada, necesitaba saber que era amado. "Muchacho, sabes que me tomó más de 25 años hacer crecer lentamente mi madera..."

"¡Dije que no te preocupes por eso!" Muchacho dijo bruscamente. Obviamente, le estaba haciendo un gran favor a Troncón al pasar esto por alto. (Qué tipo... Qué tipo...)

Troncón suspiró y se quedó en silencio. Intencionalmente, había hecho crecer su madera lentamente, alimentándose de la Madre Tierra y el sol... durante la mayor parte de un cuarto de siglo para hacerla crecer muy fuerte. Pero Muchacho nunca lo vería ni escucharía razones. Sólo veía las cosas desde su punto de vista, que normalmente estaba desviado de alguna manera para hacer ver mal a Troncón.

¿Tal vez a Troncón se le pasó algo por alto? ¿Tal vez su madera era realmente porosa y débil? Ella no debería ser tan arrogante como para pensar que era de alta calidad y fuerte. Ella, también dejaría pasar esta conversación, por su amor... y la devoción a Muchacho, y su compromiso de ser una buena persona. Después de unos minutos, volvió a hablar, esperando cambiar el estado de ánimo a uno más alegre. Sabía exactamente qué decir. "Oye...

¿Muchacho? Mi madera era porosa, pero con mi tronco de seguro construiste un barco fino y flotante. ¿¡Verdad?''

''¡Jesús! ¡Maldición, no, Troncón! Ese fue en realidad el peor barco de la historia. Lo esculpí y lijé perfectamente, por supuesto. Pero tu tronco era débil y lleno de bolsas de aire. Tratamos de navegar a una isla y chocó contra una roca mellada e hizo un agujero. Debiste haberme dicho que tu madera no era tan fuerte como para hacer un barco de casco delgado.''

''¡¿Qué?!'' Troncón sintió como si una roca afilada acabase de atravesar su corazón. En cierto modo, así fue. ''¡¿Qué? Mi... tu... mi... tu... barco se hundió?!'' Apenas podía expresar sus pensamientos en revuelta, mientras intentaba frenéticamente procesar mentalmente lo que le había sucedido a su precioso y perfecto tronco. Sintió como si hubiera sido golpeada en el corazón por un gorila. Intentó, pero no pudo contener sus lágrimas. Sollozaba suavemente mientras hablaba, ''¡Ese era mi único tronco, Muchacho!''

"¿No entiendes que te lo di con la bondad de mi corazón?" Muchacho permaneció en silencio. No tenía ninguna expresión en su rostro, salvo una leve sonrisa en sus ojos. "¿Por qué no me dijiste nada de esto cuando ocurrió, Muchacho? Creo que merecía saber qué le pasó a mi tronco..."

"¡Dios! ¡Deja de gritar!" Muchacho dijo con desprecio.

¿Qué... qué? ¡Ella no estaba gritando! ¿De qué está él hablando? "¿Qué? ¡No estoy gritando, Muchacho!" Troncón levantó la voz, pero aún así no gritaba.

"¡¿Estás gritando mientras dices que no estás gritando?!" Muchacho afirmó desdeñosamente.

"¡Ahora hablo más alto porque me acusas de algo que no estoy haciendo!"

"¡Hablar más fuerte es gritar!" Gritó Muchacho. "Me acusas de todo tipo de mierda, pero tú no puedes aceptar la tuya. ¿Cómo puede tener sentido eso, Troncón?"

Troncón no podía soportar más esto. ¡Muchacho se negó a escucharla y la culpó de todo! Ella decidió callarse mejor, porque todo lo que decía sólo empeoraba las cosas.

¡Pero ella amaba a Muchacho! ¡Necesitaba resolver esto! Si él la escuchara por un minuto y dejara de hacer suposiciones tan ridículas...

"Jesucristo. Si quieres saberlo, no te dije que tu tronco se había hundido porque no quería que te sintieras culpable por poner nuestras vidas en peligro. Sabes, es tu responsabilidad advertir a la gente si tu madera es de baja calidad. Pero en cambio, me la vendiste como un vendedor de aceite de serpiente."

"¡¿De qué diablos estás hablando?!" La tristeza de Troncón se convirtió en furia. "¡TE DI MI MADERA COMO REGALO!" Ahora, Troncón sí estaba gritando... para deleite de Muchacho. "¡Para que pudieras alejarte de todos tus problemas! ¡No te he vendido nada!"

"¡Dios! ¡Tranquilízate ya! Siempre te pones muy dramática por nada.''

"¡Esto no es 'nada', Muchacho! ¿Me estás diciendo que mi tronco no era nada? ¡Ni siquiera estás agradecido por ello! ¿Y ahora dices que debería sentirme culpable por dártelo? ¿Y que es de alguna manera mi culpa que casi te ahogues, cuando tú eres el torpe que lo hundió?"

"Sé que es difícil para ti entender, incluso frases cortas, supongo..." Muchacho habló con un tono exagerado de autoridad, como si Troncón fuera la persona más estúpida del planeta por creer en lo que ella misma decía... que en realidad era la verdad. "Pero si me escuchas... Dije que no quería que te sintieras culpable, y es por eso que nunca te dije sobre el hundimiento del barco. ¿Por qué SIEMPRE tuerces las cosas?''

"¿Estás bromeando? ¡Cabrón estúpido! ¡¿Cómo te atreves a culparme de eso?! ¡Jódete! ¡¡Púdrete!!'' Su ira estaba aumentando, y no podía explicarse exactamente por qué. Todo lo que sabía era que

Muchacho estaba siendo muy injusto y completamente ignorante. ¡Como siempre!

"Dios, eres bipolar, Troncón" Muchacho dijo burlándose. ¡¿Cómo se atreve este patético, quejumbroso e inútil troncón a cuestionarlo?! ¡Parece que alguien necesitaba recordarle quién era realmente quien mandaba en esta relación! "Mira, Pequeña Señorita Yo-Nunca-Hago-Nada-Mal, yo soy la víctima aquí. Confié en ti, y casi me cuesta la vida. ¡Tu tronco se hundió tan rápido que casi nos lleva con él! ¡Stella y yo tuvimos que saltar por nuestras vidas y nadar hasta la isla! ¡Así que no te atrevas a culparme, Troncón!"

"¡Muchacho! ¡Mi tronco no era una mierda, y lo sabes!"

"¡Eres tan arrogante! ¿Cómo sabrías si tu tronco era una mierda o no? Yo soy el que lo esculpió y lo convirtió en un barco, no tú. Y puedo decirte con certeza que tu tronco era débil, lleno de bolsas de aire, y por eso construí un barco defectuoso. Por eso se estrelló contra una roca y se hundió instantáneamente en el fondo del océano."

Troncón estaba fuera de sí por la ira y el dolor. Muchacho tenía una forma de hacer esta basura de declaraciones tan descabelladas, que no había forma de hacer un argumento en contra de ellas. Como tantas otras veces, sus declaraciones no tenían sentido. "¡¡Muchacho!!" gritó mucho más fuerte de lo que pretendía. "¡¡Estás mintiendo completamente!! Si mi madera estaba porosa y llena de bolsas de aire, ¡no se habría hundido tan rápido!"

Maldición. Él no había pensado en eso. Nada de qué preocuparse; él sabía cómo controlarla: culpa inconsecuente y discusión tangencial... es decir, una discusión que suena como si estuviera abordando el tema, pero en realidad sólo le está dando la vuelta. Había pasado años perfeccionando cómo hacer esto, y lo había sacado de muchas situaciones realmente malas en las que de otra manera habría tenido que asumir su responsabilidad.

"¡Caramba¡ No puedes pasar nada por alto, ¿verdad?! ¡No me pidas que me ponga a pensar porqué el crecimiento retorcido de tu madera! No sé por qué tu madera se hundió tan rápido. Todo lo que sé es que te hice un ENORME favor al quitarte ese tronco de mierda de encima. ¿Podrías cerrar el pico y dejar de llamarme mentiroso?"

Troncón no veía la forma de contradecir las delirantes y retorcidas convicciones de Muchacho, que la hacían parecer irracional y lo absolvían de responsabilidad. Le echó en cara sus retorcidos relatos de su tronco hermoso y hundido, y que ella tenía la culpa de su irresponsabilidad e imprudencia.

Toncón no podía ver si Muchacho realmente creía en sus delirios o si los estaba inventando sobre la marcha. Nada tenía sentido nunca acerca de Muchacho. A veces deseaba nunca haberlo conocido.

Pasaron varios minutos de silencio. Ella estaba más allá de la ira y hacía lo mejor que podía para respirar.

"¡Maldita sea! Tengo un trozo de carne asada o algo así atascado en los dientes". Muchacho refunfuñó. "¡Ah, esto funcionará!" Se agachó y agarró una pequeña ramita que crecía en el costado de Toncón, una ramita que le había costado meses de extrema persistencia y concentración para que creciera. Cuando la ramita apareció por fin el mes pasado se alegró mucho. Le dio grandes esperanzas de que algún día podría convertirse en un nuevo manzano. "¿Te importa si te quito esto rápidamente?"

Al sentir los dedos fríos y húmedos de Muchacho's sobre su ramita, jadeó consternada. No lo hará. Pero, por supuesto, lo haría. Lo hizo. Y antes de que ella pudiera pronunciar una sola palabra de protesta, Muchacho arrancó despiadadamente la pequeña ramita del costado de Toncón. Ella gritó e hizo una mueca de dolor al sentir un fuerte pinchazo. Muchacho ignoró su reacción y, utilizando su preciosa y diminuta ramita, empezó a quitarse el trozo de carne asada que tenía entre los dientes.

Extrañamente, una pequeña parte de ella se alegró de tener algo que ofrecer a Muchacho, aunque fuera una pequeña ramita. No debía ser egoísta ni mostrarse molesta por ello; sabía que lo más amable era dar desinteresadamente lo que pudiera a ese hombre al que tanto quería.

Sin embargo, una parte de ella estaba devastada por la pérdida de su ramita, y toda la esperanza que representaba para ella. *Oh, bueno, tal vez pueda cultivar otra ramita. Este es el precio que pagamos por el amor.*

"Te saqué, maldito trozo de carne". Muchacho escupió el trozo de carne asada en el suelo y arrojó la pobre ramita a la tierra. Por desgracia, esta ramita estaba destinada a hacer mucho más en esta vida que a limpiar los dientes de un idiota ignorante y sin corazón como Muchacho. ¿Ahora qué? Jamás se daría cuenta de su potencial.

Toncón se entristeció profundamente al ver a su indefensa ramita tirada en la tierra. Hizo un fuerte suspiro y se tragó el nudo en la garganta. No se atrevió a hablar de ello, pues sabía que había ya presionado demasiado la cuestión de su tronco hundido. Ella sabía que había presionado demasiado el tema de su tronco hundido. Y se sentía fatal por haber dejado caer la bomba de insultos. También sabía que, debido a la infancia horrible de Muchacho, él no sabía cómo asumir responsabilidades, y no podía evitar ser como era. Por lo tanto, ella no tenía otra opción mas que perdonarlo y pasar todo por alto.

Sin embargo... Toncón extrañaba mucho su tronco, y no podía fingir que no. Estaba profundamente herida, confundida y frustrada; cada vez era más difícil racionalizar el comportamiento de Muchacho. ¡Ay, las relaciones son difíciles!

Hasta hoy, ella se había consolado con la creencia de que Muchacho estaba disfrutando su tiempo navegando lejos de todos sus problemas... en el tronco que ella le regaló tan amorosamente.

Lo que más le dolía a Toncón era que sabía que el alma de Muchacho estaba en graves problemas. Era obvio por sus delirios y comportamientos que algo estaba realmente mal con él, y era su trabajo ayudarlo.

Mientras que la mayoría de las otras mujeres probablemente lo rechazaban, Toncón sabía que ella era especial. Siempre había sido capaz de perdonar y amar a Muchacho a pesar de todo, y mostrarle que él SÍ importa, que es amado, y que ella SIEMPRE estaría ahí para él. Ella necesitaba ayudarlo. Dios la había puesto en su vida para que pudiera ayudarlo, porque nunca tuvo el amor que necesitaba de niño. Ella podía darle ese amor. Ella se comprometió a amarlo sin importar lo que pasara.

Ya no compartía estos pensamientos con amigos o familiares. ¡Estaban todos enfadados con ella y la juzgaban mucho! Nadie entendía su profundo amor por Muchacho. Es cierto que Muchacho la trataba horrible la mayor parte del tiempo. Ella sabía que lo toleraba mucho. Y a veces se preguntaba por qué lo seguía amando. A veces Toncón deseaba que pudiera superarlo y dejar a Muchacho como todo el mundo le dijo que lo hiciera. Pero ella no sabía cómo.

Otra cosa que Muchacho dijo tenía el potencial de romperle el corazón aún más que saber que su tronco dormía con los peces. Toncón respiró profundamente. "Muchacho, ¿quién es Stella?"

"¿Stella? No lo sé. ¿Por qué?"

"Dijiste que tú y Stella tuvieron que saltar del barco que se hundía y nadar hasta la isla..."

"Nunca dije Stella."

"Sí dijiste, Muchacho. Te escuché, alto y claro."

"No, no dije. Dije... Fella. Fella es mi perro."

"¿Tienes un perro llamado Fella?"

"Sí, tengo un perro llamado Fella. Abre tus oídos."

"¿Y lo llevaste en el barco a una isla?"

"¡Sí!" Muchacho levantó la voz. "¡Sí! ¿Por qué es esto un tema tan complicado? Me llevé a mi perro en el barco de mierda a la isla. Me parece increíble que te haya dicho que casi me ahogo en el mar y que mi perro tuvo que arrastrarme a la orilla y que los nativos de la isla tuvieron que revivirme, y todo lo que haces es preguntar por el nombre de mi perro! ¡¿Qué demonios te pasa?! ¿Tienes síndrome premenstrual o algo así?

¿Qué acaba de decir? ¿Que casi se ahoga? ¿Y luego insinuó que a ella no le importaba? ¿Y luego la acusó de tener síndrome premenstrual? ¡¿Qué? Sólo... ¿qué?!

Toncón se enfrentó, de nuevo, a un torbellino sin sentido que la hizo sentir impotente para contrarrestar. No había nada que hacer aquí salvo perdonarlo y hacerle saber que le importaba. "Lo siento, Muchacho... No te escuché decir que casi te ahogaste..."

"¡Sí te dije! ¡Pero nunca escuchas!" Muchacho respondió.

Toncón suspiró. Muchacho estaba siendo su yo imposible otra vez. Lamentablemente, no era nada que Toncón no hubiese presenciado o perdonado antes. Pero Muchacho estaba realmente muy enfadado e indignado por todo esto... así que debe estar diciendo la verdad... desde su retorcida perspectiva. ¿Tal vez él está confundido? ¿Quizás piensa que no me importa que casi se ahogó? Pero... ¡él sabe mejor que yo! Había tantas preguntas sin respuesta, y parecía que nunca le daba respuestas directas. Tal vez si ella hablaba muy gentilmente, él la escucharía. "Muchacho, te he echado tanto de menos... y no recuerdo que hayas dicho nunca que tenías un perro llamado Fella... o que casi te ahogaste... y sólo quiero que seas honesto conmigo acerca de Stella..."

"¡Oh, deja de quejarte, Toncón! Estoy harto de que sigas y sigas y sigas con tonterías. Hemos hablado de esto durante 20 minutos. ¿Podemos terminar con esto?"

"Pero Muchacho, no respondiste a ninguna de mis..."

"¡¿POR FAVOR?!" Habló bruscamente, como si estuviera muy molesto. Troncón se quedó en silencio.

Muchacho se puso a despotricar con un quejido de amargura: "Mrfsgegerf maldita sea... hermb erer ergerm eferber... no te he ererergermeseen en años de fermescur rmererergermefe....estoy rmescuh media hora y eres hermedederbrrmehjerscreby de vuelta a rmescu mismo incesante regaño. Yo jererergermefet aquí y tener un buen descanso rmescu pasar tiempo contigo, ererergermefe arruinar la paz y la tranquilidad mescur bederme maldita sea..."

Troncón no dijo nada. ¡Esto la hizo enloquecer y fue injusto y horrible! Sin embargo, ella tenía fe en que Muchacho un día superaría su ira y vería quién era ella realmente: una persona amable, que lo perdonaba, que siempre lo apoyaría, y que lo amaba con todo su corazón.

La verdad es que estaba un poco desesperada. Nadie más la querría en este momento. No tenía manzanas, ni hojas, ni ramas, ni tronco... le había dado todas estas cosas al Muchacho que amaba. Dios la había puesto a cargo de salvar el alma de Muchacho, así que darle todo lo que era importante para ella era parte de su lucha. No debe cuestionarlo.

A pesar de todos sus defectos, y el hecho de que él estaba tan enfadado con ella todo el tiempo, sabía que Muchacho la amaba mucho. Estaba preocupada por él. Él era tan frágil y siempre le pasaban cosas terribles, como su casa cayéndose y su barco hundiéndose. Por supuesto que la culpó; debido a su horrible infancia él era incapaz de culparse a sí mismo. Troncón sabía que él nunca podría sobrevivir en el mundo sin su amor incondicional y su apoyo.

Troncón no podía soportar la idea de que él estuviese con otra mujer. Aunque parecía que podría haberlo estado, era más fácil pasarlo por alto y poner la situación en manos de Dios. Sabía que no debía dejar que su imaginación volara con el asunto de Stella. Probablemente dijo 'Fella'. Sólo que ella lo escuchó mal. Como siempre. Ella suspiró. "Lo siento, Muchacho."

"¡Me pones de malas, Troncón!" Muchacho levantó su sombrero y se alisó el cabello ralo y canoso. "Incluso Tomás y Enrique están de acuerdo conmigo: ¡que estás loca e imposible!" Se volvió a poner su sombrero.

"¿Quiénes... quiénes son Tomás y Enrique?" Preguntó tímidamente.

"¡Tomás y Enrique! ¿No sabes? Los chicos con los que juego al squash. ¡Jesús! ¡No recuerdas nada, nunca!"

Muchacho sabía que Troncón estaría pensando acerca de Tomás y Enrique, que en realidad no existían. Distraer a Troncón con la idea de Tomás y Enrique era su mejor opción para que ya no le estuviese preguntando nada acerca de Stella-que él, por supuesto, había invocado a propósito-. Más tarde ella se daría cuenta de que Muchacho nunca le dio una respuesta directa, y se pasaría toda la noche dando vueltas pensando. ¡Sí! Perra tonta. ¡Oh, sí! ¡Mega rompecorazones aquí mismo, véanme!

Troncón estaba preocupada de que Muchacho le hubiese dicho a Tomás y Enrique que ella estaba loca e imposible. ¿Por qué les diría eso? ¡Ella no estaba loca ni imposible! ¡Ella era agradable! ¡Ella le daba regalos! ¡Era amable! Pero Tomás y Enrique sólo podían saber lo que Muchacho les había dicho sobre ella. ¿Cómo podía arreglar el asunto? Sabía que si pudiese hablar con ellos, podría explicarles este malentendido. Pero sabía que Muchacho nunca le permitiría conocerlos. Nunca llegó a conocer a ninguno de sus amigos.

Ella dedujo lo siguiente: necesitaba recuperar el respeto de Muchacho. Pero no estaba segura de cómo hacerlo. La única cosa que se le ocurrió fue que tenía que ser muy estricta con su salud y alimentación para conseguir que su cuerpo volviera a ser el mismo de antes. Un licuado de proteínas y el ejercicio diario la ayudarían a hacer crecer su tronco, ramas y manzanas. De esa manera, ella podría darle a Muchacho más manzanas y madera. Entonces él estaría enamorado de ella otra vez. ¡Sí! Eso es todo. Ella empezaría mañana.

Hace algunos años, ella había decidió gastar los ahorros de toda su vida para hacerse un implante de tronco. Pero terminó cancelando su cirugía a último momento y le dio todo el dinero a Muchacho; él necesitaba comprar un auto nuevo porque su carro viejo, de alguna manera se hundió en el fondo de un lago. (¡¡Pooobre Muchacho!!) ¡Ella necesitaba ayudarlo!

Finalmente lo escuchó suspirar y sintió su huesudo trasero relajarse. Gracias a Dios. Sería seguro para ella hablar de nuevo, siempre y cuando no mencionara a Tomás, Enrique, Stella, Fella, el barco, sus manzanas, sus ramas, su tronco, o cualquier otra cosa que Muchacho pudiese interpretar como una queja o algo raro.

Tristemente, no se le ocurrió nada que decir.

¡Pero el silencio era ensordecedor! ¡Necesitaba decir ALGO! "Tu... mm... trasero se siente bien y relajado, Muchacho..."

"¡¿Eh?!" Muchacho levantó la cabeza y frunció el ceño. "¿Qué... demonios se supone que significa eso?"

Troncón se avergonzó.

En realidad, esto fue ridículo. Ella se estaba cansando de sentirse así. A decir verdad, estaba agotada con todo este asunto de caminar sobre cáscaras de huevo a las que Muchacho la había orillado... aunque en realidad no tenía pies. Caramba, tal vez su familia y amigos tenían razón. Tal vez se merecía algo mejor. Tal vez Muchacho era sólo un viejo gruñón y miserable que la usaba durante sus períodos de sequía. Estos pensamientos le lastimaban su corazón. Pero la actitud de Muchacho hacia ella era ya simplemente insoportable. Por primera vez en mucho tiempo, ella empezó a considerar la idea de terminar su relación con él. Troncón se puso a pensar profundamente, preguntándose cómo le diría exactamente que ya no podía verlo.

"¿No es un día muy bonito?" Muchacho le preguntó alegremente, como si nunca hubiese ocurrido ninguna conversación horrible, manipuladora o degradante entre ellos.

"¿Eh?" Troncón fue sacada de su profundo pensamiento por la inesperada alegría de Muchacho. Ella finalmente respondió. "¡Oh, Oh! ¡Sí! ¡Está tan bonito y soleado!" Habló en el tono más feliz que pudo hacer. Estaba agradecida por el cambio de humor de Muchacho. Sabía que se debía a que ella siempre lo perdonaba, y que él, finalmente estaba superando todo el dolor que rodeaba su corazón.

(¡Aleluya! ¡Alabado sea Jesús!) "Me encantan estos días soleados y frescos contigo, Muchacho."

"¡Sí, hemos compartido juntos muchos días como estos... ¿verdad, Troncón?!" Muchacho le dio una palmadita.

"¡Así es! Hemos tenido muchos momentos de diversión, Muchacho." Troncón estaba disfrutando de este momento imprevisto de nostalgia con él. Suspiró profundamente y sonrió para sí misma. El amor y la fe en su corazón regresaron rápidamente.

El sol brillaba sólo para ellos en ese momento. Ahh! ¡El dulce sol! ¡Cómo echaba de menos sus hojas! Y los días en que podía disfrutar de su generoso calor y contribuir a las preciosas reservas de oxígeno del planeta, con Muchacho descansando cómodamente en sus ramas. Esos fueron algunos de los recuerdos más felices de su vida.

Que tonta fue al pensar que Muchacho era sólo un tipo gruñón y miserable que la usaba durante sus períodos de sequía. Nada más importaba. Él la amaba. Y ella lo amaba a él. Este mismo momento era pruebe de ello.

Troncón se metió a fondo en sus sentimientos del momento. Tristemente, esto causó que ella hablara sin pensar. "¡Oh, Muchacho! Ojalá tuviera mis ramas para que pudieras subir y esconderte en mí y olvidarte del mundo." Troncón se detuvo en seco, al darse cuenta de que acababa de pronunciar palabras sobre un tema delicado: sus ramas. "Mm... quiero decir..."

"Dios, tenías que volver a mencionarlo, ¿no?" Muchacho dijo con desdén.

"Lo siento, Muchacho.. No quise decir que fuera tu culpa..."

"Cómo quieras, Troncón. Siempre estás tratando de hacerme sentir culpable por algo. ¿Cuándo vas a enfrentar los hechos? Tus hojas se han ido. Tus manzanas se han ido.Tus ramas se han ido. Tu tronco se ha ido. Sólo... ¡resígnate! ¡Y deja de hacerme pasar por el tirano en esta relación! ¡Dios! ¿Tienes idea de lo que tengo que soportar de ti?"

Troncón se sentía confundida y devastada. Se esforzaba por ser la persona más cariñosa, dócil y despreocupada que podía para él, pero no era fácil. Sabía que Muchacho no podía evitar su forma de ser. Simplemente no podía. Necesitaba esforzarse más para morderse la lengua y tener compasión... y no enfadarse tanto con él. Pobre Muchacho. ¡Soy una perra! Su corazón se hundió en la vergüenza.

¿Cómo es que ella se esforzaba tanto en ser su todo, y sin embargo, él constantemente la reducía a nada? Todas las partes hermosas de ella se habían ido. Ella se las había dado, tratando de hacerlo feliz. Pero no importaba lo que le diera, no era suficiente, siempre lo estropeaba... y siempre estaba vacía.

Muchacho nunca se disculpó por herir sus sentimientos. Por el contrario, ella siempre se disculpaba con él, incluso por las cosas que él hacía. Siempre intentaba como loca hacer las cosas bien.

Troncón se consolaba con las perlas de sabiduría que había escuchado de los ancianos sabios a lo largo de los años:

"El amor significa no tener que decir nunca que lo sientes."

"El amor incondicional significa que miramos más allá de los defectos de nuestro ser querido para su bien."

"El verdadero amor lo conquista todo."

"Todo lo que necesitas es amor."

"El amor es la respuesta."

Troncón respiró hondo y se dijo a sí misma que no iba a renunciar a Muchacho o a su relación con él.

"Tengo hambre" dijo Muchacho. "Seguro que podría ir por una manzana ahora mismo."

Troncón se desplomó.

"Oh sí..." Muchacho se dijo.

Muchacho suspiró profundamente. Pasaron varios momentos en silencio hasta que casualmente se apoyó hacia atrás con sus manos y cruzó un pie sobre el otro. Empezó a tararear una alegre melodía: 'Muy amigable', de Marilyn Manson. Troncón estaba confundida por su cambio de humor alegre, pero agradecida de que ya no estaba enojado con ella.

Muchacho habló en un tono alegre. "Es muy extraño que tú y yo estemos saliendo. ¿No crees, Troncón?"

"¿Por qué? ¿Qué quieres decir, Muchacho?"

"No lo sé. Tal vez porque suelo salir con mujeres con tetas más grandes y un trasero más bonito que el tuyo."

Troncón se quedó atónita. "¡Muchacho, ¿por qué me dices tal cosa?!"

"¿Eh? ¿Qué? <Inserta una mirada tonta y confusa aquí.> Sólo digo que suelo salir con mujeres con tetas más grandes y un trasero más bonito. ¿Por qué siempre te tomas todo tan personal?"

"Yo nunca te diría algo así. ¡Eso es tan grosero!"

"¡Dios! ¡Suficiente! Pensé que tenías un mejor autoestima. ¡No puedo hacer un comentario inocente sin que te indignes!"

Una vez más, Troncón estaba enojada y profundamente herida. ¿Por qué se le ocurriría decir algo así? ¿Y luego no entender por qué ella se había molestado? Debió haber sido pateado en la cabeza por un burro o atropellado por una aspiradora de alfombras cuando era niño. Cualquier persona normal sería capaz de VER lo hiriente que fue este comentario. ¡¿Cómo era que él no lo entendía?! Nunca le pasó por la cabeza que Muchacho lo dijera a propósito y se hiciera el tonto.

Entonces ella se preguntó si, en efecto, era demasiado sensible y se estaba volviendo loca de la nada. Simplemente ya no lo sabía. Si fuese realmente honesta consigo misma, sabía que había descuidado su cuerpo en los últimos años... ...hasta el punto de que él ya no se sienta atraído por ella. ¿Quizás esta es la manera de Muchacho de intentar dejar caer sutilmente la indirecta? Ella decidió perdonarle el error. Probablemente él tenía razón: ella no necesitaba tomar su comentario tan personal.

Un minuto después, Muchacho se puso de pie. "Necesito usar el inodoro, Troncón. ¿Puedes darme uno?" "Muchacho, no tengo un inodoro. Soy un troncón de árbol." "¡Ayy! ¿De qué sirves entonces, Troncón?"

Troncón se sintió avergonzada por no tener un inodoro. "Lo siento, Muchacho. Desearía poder ser mejor para ti..." Sabía que Muchacho se preparaba a irse y ella pasaría muchos días solitarios esperando su regreso. Pero no tenía idea de cómo hacer que se quedara... o de cómo darle algo que ella no tenía.

"Tengo que caminar una milla y media para llevar 'los cafés al súper tazón', Troncón. Si quieres que te visite más a menudo, necesitas tener un inodoro." Empezó a caminar alejándose.

"¡Muchacho, espera!" Troncón gritó.

"¿Y ahora qué, Troncón?"

"Mm... Yo... eh..." Troncón tartamudeó. "Bueno, Muchacho, tal vez tú... puedas esculpirme en un inodoro.

Muchacho miró a Troncón con incredulidad. Su silencio la ponía nerviosa.

"Quiero decir... eh...", tartamudeó. "Si quieres, entonces no tendrías que caminar tanto para usar el inodoro."

Muchacho se llevó la mano a la barbilla y contempló la extraña propuesta de Troncón. Aunque no fue su idea, sintió una excitación que ella no le había ocasionado en mucho tiempo.

La primera vez que

sintió esta emoción primitiva fue cuando ella lo dejó tomar sus manzanas... después de su "¡oh, ay, Árbol! ¡No tengo nada de...dinero!" Él pensó cuán afortunado era. Pero después, ella dejó que él tomara sus ramas... lo que fue realmente estúpido darle después de su historia de "oh, ay... no tengo casa, Troncón".

Esa emoción sólo fue para pretender "¡Oh, Árbol! ¡Estoy tan triste! Necesito irme... ¡en un barco!" y ella lo dejó cortar su tronco -un tronco que le llevó 25 años crecer- sólo para que él pudiese destruirlo contra una roca la primera vez que él y Stella lo usaron para navegar. ¡JA! Estúpida muchacha.

Troncón le acababa de dar un boleto dorado para la emoción del siglo. Toda esta propuesta de "puedes convertirme en un inodoro" fue horrible, cruel y repugnante... ¡y demasiado buena para dejarla pasar! "Bueno... ¡cállate, mi pequeña tarta de manzana! ¡Esa es realmente una gran idea!"

"¿Lo... lo es?"

"¡Sí! ¡Lo es!" Muchacho sacó su navaja de bolsillo. "¡Eres brillante! ¡Es una muy, muy buena idea!"

"Bueno..." pero Troncón de pronto ya no estaba segura de ello.

"Troncón, si te esculpo en un inodoro, podría visitarte todos los días", dijo Muchacho con suavidad y seguridad.

"¿Podrías?" Preguntó Troncón, sorprendida por la repentina amabilidad de Muchacho. "¿Todos los días?"

"¡Sí! Porque no tendría que ir a la ciudad para usarlo."

Troncón quería, más que nada, creerle. Muchacho había dejado de visitarla todos los días hace mucho, mucho tiempo. ¿Podría este inconveniente sobre el inodoro ser la causa de que Muchacho se mantuviese alejado de ella?

En el fondo, Troncón no creía que Muchacho realmente la visitara todos los días, incluso si ella lo dejaba esculpirla en un inodoro. Pero estaba tan desesperada que incluso se conformaba con una visita de él una vez a la semana, después de un seis de cervezas, a las dos de la mañana. Pero incluso eso parecía pedirle mucho a Muchacho.

Sin embargo, Muchacho ya era mayor. Ciertamente, en este punto de su vida, él sabía que no había otra mujer viva que lo amara tan profundamente como ella. Seguramente sabía que la vida sin amor no valía la pena vivirla. Seguramente sabía que Troncón era lo MEJOR que le había pasado. ¿En dónde más él iba a encontrar a alguien la mitad de generosa, amable y cariñosa de lo que era ella?

A Muchacho le encantaba tener control sobre Troncón. Podía manipularla para que hiciera cualquier cosa. Últimamente, se había vuelto aburrida; quedaba muy poco qué explotar en ella, y por lo tanto muy poco para alimentar su alma. ¿Pero esto? ¿Literalmente esculpirla en un inodoro? Estaba muy excitado sólo de pensarlo. ¡Espera a que los chicos de la 'Taberna Tetas Tiesas' se enteren de esto!

Troncón entonces vio la navaja en la mano de Muchacho. Se estremeció. "Eh Muchacho, no tienes intención de usar esa navaja pequeña y sin filo para esculpirme, ¿verdad? Me dolería mucho."

Ahh, mierda. Él estaba esperando esculpirla lentamente con un cuchillo sin filo. No estaba acostumbrado a que ella se resistiese. ¡Oh querido Muchacho! Es hora de subir la apuesta.

"¡Oh, vamos, nena! No será doloroso. Seré cuidadoso."

"No, Muchacho... necesitas usar un cuchillo mejor."

Muchacho estaba molesto. ¡No tenía un cuchillo mejor! No con él. ¿Cómo se atreve ella a molestarlo? Por suerte, él sabía cómo hacer que ella se decidiera en su favor. El comportamiento de Muchacho cambió repentinamente a forma solemne. "Troncón tengo algo que confesar."

"¿Qué?" Troncón tenía curiosidad. "¿Qué es?"

"Entiendo por qué no quieres que use este cuchillo sin filo. Aunque, es el que me dio mi abuelo de la Guerra Civil... justo... justo antes de morir." Muchacho se limpió una lágrima imaginaria de su ojo.

¿Eh? Esta fue una confesión muy extraña por parte de Muchacho. "¿En serio?" Salvo desde el comienzo de su relación, Troncón nunca oyó ni vio en Muchacho ninguna forma de compasión o tristeza. <Inserta música de la zona del crepúsculo aquí.>

"Sí, mi amor. Sé lo que es tener un dolor así en el estómago."

"Oh..." El corazón de Troncón se estremeció de placer al oírle llamarla "mi amor". Casi se desmaya de la emoción...

"Verás, la razón por la que no he podido visitarte mucho es porque tengo síndrome de intestino irritable. Me lo diagnosticaron hace años, y bueno, necesito estar muy cerca del baño todo el tiempo, o las cosas podrían ponerse feas."

"¡Oh no! ¡Muchacho, siento mucho oír esto!"

¡Genial! ¡Se lo está creyendo! "Sí. Mi... mm... mi estómago me duele mucho. Estoy tan avergonzado que no quería decírtelo... porque... porque no quería que te desenamoraras de mí..." Muchacho se las arregló para tener lágrimas de verdad en sus ojos.

"¡Oh! ¡Muchacho! ¡No! ¡Nunca pienses así! ¡Puedes decirme cualquier cosa!"

Se quitó las gafas y las dejó con su navaja a un lado de Troncón. "¿Me los sostienes, nena?" Preguntó con voz temblorosa.

"Por supuesto, Muchacho..." A Troncón no le gustaba ver llorar a Muchacho. Pero estaba encantada de que finalmente él desahogara su dolor emocional. Él estaba tan triste por dentro. "Desahógate, Muchacho. Estoy aquí para ti."

Sacó un pañuelo y lloró en él. Se limpió los ojos y se sonó la nariz. "¡Oh, Troncón! ¡Eres tan comprensiva, amable y cariñosa!"

Sollozó en su pañuelo durante un buen minuto antes de mirar por encima para asegurarse de que ella estuviese atenta a él. Sí, sí... así fue. ¡Perfecto!

Apartó el pañuelo de su cara y le dio la sonrisa más patética que pudo hacer.

Ella le devolvió una suave sonrisa. Él se agachó y puso una mano en la madera fuerte, suave y hermosa de Troncón y la frotó sensualmente. "Eres increíble, nena..." dijo. Obviamente estaba muy conmovido por su apoyo amoroso.

Troncón sintió derretirse por la inesperada caricia y toque de Muchacho. Él tenía una forma de asegurarle que todo estaría bien... con sólo tocar su mano. ¡Oh, cómo lo había extrañado! ¡Oh, cómo deseaba hacerlo feliz! ¡Ella no podía CREER que él se había mantenido alejado por su tonta vergüenza! Aunque ella estaba triste porque él estaba enfermo, Troncón se sintió contenta de tener finalmente algunas respuestas de por qué Muchacho se resistía tanto a tener una relación sana con ella.

Troncón sabía que la enfermedad física estaba relacionada con emociones no procesadas en el cuerpo. Muchacho probablemente tenía emociones atrapadas en sus intestinos –también conocido como enfermedad– por los terribles problemas de estómago que experimentó cuando era niño. Su familia no tenía electricidad. Todo lo que él y su familia tenían para comer era jaca y jalapeños, y tenían que 'encender sus pedos en el fuego' para calentarse.

¡¡Pooobre Muchacho!! ¡Pobre triste, indefenso, enfermo, avergonzado y quebrantado, Muchacho! ¿Cómo se atreve a ocasionarle tantas lágrimas por usar un cuchillo sin filo para esculpirla? ¡¿Después de todo por lo que él ha pasado?! Estaba decidida a mostrarle a Muchacho cuánto lo amaba, y cuán tolerante y comprensiva era realmente. "Muchacho, lamento que hayas sentido que no podías confiar en mí."

"Bueno..." Muchacho sonó su nariz y se limpió los ojos. "Tú a veces ere una zorra insoportable..."

Troncón se sorprendió al escuchar esto. Muchacho debe haberlo dicho sin pensar. "¡Muchacho! Sé que estás disgustado, pero no puedes decirme cosas así."

"¿Qué? ¿Qué dije?" Muchacho miró a Troncón con ojos llorosos y confusos.

"Ya sabes. La palabra con 'z'."

"Oh, ¿zorra? Oh, no es una mala palabra, nena." *Sollozo* Eso... sólo significa una mujer que no puede entender el pensamiento normal. Eso es todo lo que quise decir, nena. En realidad no te estaba llamando así."

"Aún así, no está bien que me digas eso. Y sí puedo entender el pensamiento normal. Tú a veces no eres muy justo."

"Nena, sabes que no entiendes la lógica la mayoría de las veces, pero... pero te amo de todas formas." Muchacho se llevó su pañuelo a la cara y lloró suavemente mientras hablaba. "Es sólo que... este síndrome de intestino irritable me ha afectado mucho últimamente... y no pareces muy paciente conmigo al respecto. Y nuestro maldito presidente es un imbécil, y no entiendes la presión a la que estoy sometido para funcionar día a día. Por favor, no me grites, nena. No puedo soportarlo. No hoy. Simplemente no puedo soportarlo!"

Espera... ¿qué? ¿Cómo pasó la conversación de hablar de la palabra con 'z' a hablar del presidente? ¡Troncón estaba tan confundida ahora!

"Muchacho, sé que estás molesto. Pero realmente heriste mis sentimientos."

"¿Cómo?" Muchacho hizo todo lo posible por parecer extremadamente confundido.

"Porque me llamaste esa palabra con 'z'. Me gustaría que me pidieras una disculpa, Muchacho."

"No voy a disculparme por algo que malinterpretaste." Muchacho seguía sollozando, dejando claro que él era el herido en la ecuación. "No hice nada malo, nena."

Troncón se sintió enferma. Se sentía enojada. ¿Cómo podía discutir con su nivel de negación e ignorancia, especialmente con él llorando de esa forma? No podía. Había aprendido muchas veces: discutir con Muchacho no vale la pena.

Sin embargo, no todo estaba perdido. Se había hecho increíblemente fuerte por todo el amor y el perdón injustificado que le había dado a Muchacho a lo largo de los años. Cuando lo vio de esta manera, Muchacho fue uno de los mayores contribuyentes a su crecimiento espiritual. #almagemela.

Además, ¡obviamente no era el momento de discutir con Muchacho! Finalmente él estaba mostrando su lado vulnerable, y ella no quería que una tonta riña lo arruinara. Así que dejó pasar su horrible comentario, aceptó la disculpa que nunca recibiría, y se centró en las cosas buenas que estaban pasando aquí y ahora entre ellos. Muchacho seguía llorando; ¡claramente como manifestación de su desahogo emocional!

Por supuesto, Troncón, siendo el amoroso ángel terrenal que era capaz de perdonarlo todo, sabía que tenía que hacer lo mejor para la relación. "Lo siento, Muchacho, si he sido insensible a tus necesidades."

"Sólo estoy haciendo lo mejor que puedo, nena..." Muchacho continuó sollozando en su pañuelo. "Todo lo que pido es un inodoro para poder visitarte más a menudo. Te amo, nena. Te amo. ¡Necesito verte más a menudo! Mi vida no funciona sin ti. ¿Podemos al menos estar de acuerdo en esto?"

Troncón también, estaba abrumada por la emoción. ¡No tenía ni idea de que Muchacho la amara tanto! Al escuchar sus dulces palabras, sintió una alegría inmensa y la claridad de saber que ella y Muchacho estaban destinados a estar juntos. Tomó su decisión. "¡Sí! ¡Sí, mi amado Muchacho!" Ella susurró amorosamente. "Por supuesto que puedes esculpirme en un inodoro con tu navaja sin filo de tu abuelo, si significa tanto para ti."

"Sí Troncón, significaría mucho para mí." Muchacho sollozó suavemente. "Te he extrañado mucho

Troncón, y si podemos hacer esto, te visitaré todos los días." Muchacho estaba impresionado con su capacidad de actuación. "¡Lo prometo!"

"Eso será maravilloso, Muchacho. ¡De acuerdo! ¡Hagámoslo!"

"¡Esa es mi chica!" Muchacho exclamó. La frotó con amor. Luego... sus lágrimas se secaron milagrosamente. Las expresiones de tristeza se transformaron misteriosamente en indiferencia fría. Su comportamiento conmovedor y amoroso se detuvo abruptamente. Se levantó, se puso las gafas y metió su pañuelo en el bolsillo de su abrigo.

En seguida, empezó por tomar medidas de Troncón, contemplando la mejor manera de llevar a cabo este nuevo y emocionante proyecto de trabajo en madera. Luego con su garganta hizo un fuerte ruido al pasar la flema de su llanto, y con un toque dramático, escupió la enorme flema justo al lado de ella. Aterrizó en una de sus raíces. Se sintió repugnante, pero Troncón permaneció en silencio, tratando en secreto de aferrarse a la euforia de saber que ella y Muchacho eran el uno para el otro.

Se arrodilló junto a Troncón y pasó su mano por las partes suaves y planas de ella. "¡¡Oh, sii!!" Muchacho siseó. Troncón se estremeció. Su humor fue de repente... agresivamente eufórico... lo que no tenía sentido para ella.

Troncón sintió un extraño escalofrío. De repente sintió un profundo miedo, con la clara consciencia de que esto era en realidad una muy mala idea. ¿Pero qué debería hacer? Ya había aceptado. Si detuviese a Muchacho ahora, él se enfadaría mucho, ¡y probablemente no lo volvería a ver!

Empezó a cantar 'om' en silencio para calmar sus nervios: algo que aprendió a hacer en su círculo de sanación dominical. "Oommm... oommmm... oommmm..." y se forzó a sí misma a pensar sólo pensamientos positivos y edificantes. "Esto es lo menos que puedo hacer por nuestra relación. Ommmm... Muchacho no necesitaba decirme acerca de su síndrome de intestino irritable, ¡pero lo hizo!

Oooommm… ¡Debe haber sido difícil para él! Ooommmm… Nos amamos el uno al otro. Todo esto es para mejorar la relación Ooooommmm…''

Muchacho raspó su cuchillo en la superficie plana de ella. Troncón hizo una mueca de dolor. "¡Oh! ¿Estás bien, cariño?'' Masajeó suave y sensualmente el área que raspó.

"Sí, Muchacho. Estoy bien.'' Troncón sonrió por dentro. ¡La llamó 'cariño'! Su suave toque se sentía tan genuino y dulce; no había nada parecido en el mundo. Mientras su corazón se abría a los afectos de él, su miedo disminuyó. Troncón se dio cuenta de que sus dudas acerca de ser convertida en un inodoro con una navaja sin filo de bolsillo eran ¡RIDÍCULAS!

Perdonar a Muchacho era fácil. Era un alma muy buena. Lo sentía. Le daba una profunda satisfacción que nadie más podía entender. Sabía que su acto desinteresado y amoroso de hoy le mostraría, de una vez por todas, cuánto lo amaba de verdad. Su amor derretiría su pared de ira, le abriría el corazón y él finalmente reconocería la verdad de cuánto en realidad él la amaba. Nadie más podía verlo. Pero ella lo sabía.

"Tienes el tamaño y la altura perfecta para un inodoro."

No es el más halagador de los cumplidos, pero fue un comienzo. Aunque los rasguños de su cuchillo eran insoportables, la sensación de sus manos sobre ella mientras cepillaba las astillas de madera enviaba un cosquilleo de placer por sus raíces. Mientras Muchacho caía en una cadencia de tallado y alisado, Troncón se sumió en una euforia inexplicable.

En su euforia, empezó a soñar despierta con la boda de ella y Muchacho. Vio el día entero muy claramente: todo un cuento de hadas. Sabía que, a nivel espiritual, su boda ya había ocurrido. De hecho, seguramente existía en una realidad paralela –o en algún otro plano–, porque su visualización de la misma era ¡tan real! ¡Sí!

Una boda en primavera sería encantadora: quizás a mediados de Abril cuando otros árboles bailan con sus flores y hojas, y las flores silvestres resplandecen en colores brillantes y hermosos.

Sin embargo, Troncón era realista. Sabía que era demasiado corpulenta para usar tafetán, que tiende a hacer parecer que la novia tiene más peso. El terciopelo sería demasiado caliente para una boda en primavera y también pareciese añadirle grosor a la novia. El satén o la seda en color marfil pálido resaltaría el color natural de su corteza y acentuaría sus rasgos maravillosamente.

¡Tenía que empezar su lista de invitados inmediatamente! Tristemente, ella había estado fuera de contacto con sus amigos y familia durante muchos años. Todo comenzó porque, por alguna extraña razón, Muchacho empezó a decir espantosas mentiras sobre ella... y ellos le creyeron. Dijo que ella estaba mentalmente enferma, actuando como una loca, abusando de él, consumiendo drogas, que bebía, y que descuidaba sus responsabilidades, que tomaba sus tarjetas de crédito y gastaba su dinero, que dormía con otros Muchachos, y otras cosas extrañas... Nada de eso tenía sentido. ¿Por qué diría cosas tan horribles sobre ella? Era muy desconcertante. Ella pensó que él proyectaba recuerdos traumáticos sobre su madre, que estaba totalmente loca. Así que naturalmente, ella lo perdonó.

Sin embargo, estaba tan angustiada por la pérdida de sus amigos y su familia que decidió ver a un psiquiatra. Milagrosamente, durante este tiempo, Muchacho realmente dio un paso adelante; dijo que quería hacer su parte para sanar la relación. La acompañó a sus citas de terapia e incluso quiso tener algunas sesiones por su cuenta con el buen doctor. **Obviamente**, si la relación no fuera importante para Muchacho, él nunca habría hecho nada de esto. ¡Por fin, Troncón tenía esperanzas!

"Señorita Troncón", le dijo el doctor solemnemente un día. "Todas las parejas pasan por malentendidos y pruebas. Parece tener una percepción distorsionada y una respuesta emocional muy exagerada a los eventos normales del día a día. He llegado a conocer a Muchacho estas últimas semanas. Él nunca intentaría lastimarla, o decirle mentiras a su familia." El doctor parecía profundamente preocupado. "De hecho, si no lo supiera, diría que usted es la que abusa de Muchacho, no al revés."

Troncón irrumpió en sollozos desgarradores. ¡Nunca se había sentido tan humillada, invalidada e incomprendida en toda su vida! "¡Doctor, eso no es cierto! ¡Él es el que hace todo tipo de locuras! ¡Oculta mis llaves y finge que no sabe dónde están! ¡Borra mis canciones favoritas de mis listas de reproducción! ¡Se roba mi mantequilla de maní! ¡Él es el que gasta mi dinero! ¡Dijo mentiras terribles sobre mí y puso a mi familia en mi contra! ¡Tiene que creerme, Doctor!"

"No es cuestión de que yo le crea. Sólo estoy muy preocupado. Muchacho también me dijo que pertenece a una secta."

"¡¿QUÉ?!" Troncón casi gritó. "¡Voy a un círculo de sanación cada domingo! ¡Me da paz!"

"Bueno, por lo que él ha descrito, suena muy sospechoso."

Troncón estaba totalmente desconcertada. Las mismas frustraciones, y las discusiones desmoralizantes que ha tenido con Muchacho a lo largo de los años se estaban llevando a cabo con ¡un profesional altamente capacitado! ¿Cómo puede ser esto? A menos que... a menos que... ¿Quizás estaba realmente loca?

Esta noción fue confirmada pronto por el buen doctor. "Señorita Troncón, parece estar un poco paranoica y sufrir de un sentido distorsionado de la realidad." Luego le recetó anti-psicóticos y antidepresivos, y la envió a un grupo de terapia semanal para locos que no podían controlar su vida. Las píldoras le hicieron un lío en la cabeza. Tres semanas después, terminó en un hospital psiquiátrico. ¡Fue un año difícil!

Durante su estancia en el hospital, aprendió sobre los límites de las relaciones saludables. ¡Se dio cuenta de que cruzaba los límites de Muchacho todo el tiempo! En lugar de gritar o de usar palabras grotescas para comunicarse con él, necesitaba ejercitar la compasión y la paciencia. Sobre todo, necesitaba hablar con calma y dejar de molestarlo hasta la muerte si quería que la relación funcionase.

Así, con la ayuda de la terapia, Troncón fue capaz de sanarse. Más o menos. La verdad es que ella seguía sintiéndose como mierda. Se sentía aún más desesperada. Se sentía aún desorientada. Pero finalmente pudo dejar atrás el pasado y perdonar a Muchacho por las cosas que hizo, y que no estaba haciendo de todos modos... o algo así... En cualquier caso, esperaba que su familia y amigos se dieran cuenta algún día de que estaba pasando por un momento difícil en ese entonces, y que lo que pasó entre ellos fue probablemente una gran mal entendido.

Sabía que la boda sería un momento glorioso de sanación y amor para todos. Su dolor estaba ahora en el pasado, ¡y no volvería a pensar en ello! Después de todo, pensó, ¡todo lo que tenemos es el momento presente!

¡Muchacho sería un novio tan guapo! Podía verlo con su elegante esmoquin, su faja y su corbata de moño. *Suspiro*

"Ahora él sólo necesita proponerse", pensó Troncón. "¡Lo cual podría hacer incluso esta noche!" Se imaginó la mirada en su cara cuando se arrodillase. Él la miraría profundamente en su corteza, con lágrimas en sus hermosos ojos... tan lleno de amor que apenas podría decir las palabras. Troncón, ¿quieres casarte conmigo?...

Sí, Muchacho, me casaré contigo...

Nunca había estado Troncón más segura de nada... y nunca había sentido tanta integridad y paz en su corazón como en ese momento... con Muchacho esculpiéndola en un inodoro.

¡Qué emocionante! ¡Todo lo que puso en su pizarra de visión el año pasado finalmente se haría realidad! ¡Ser esculpida en una pieza de baño fue definitivamente una sorpresa, pero Dios Todopoderoso trabaja en formas misteriosas!

Este es el tipo de amor que el alma de Muchacho necesitaba para derretir los muros de hielo que había construido alrededor de su triste corazón. Si esto significaba que Troncón necesitaba mostrarle cuánto lo amaba dejándolo esculpirla en un inodoro, ¡entonces, por favor! ¡Eso es exactamente lo que ella haría! De buena gana. Con entusiasmo. Desinteresadamente. ¡Esculpe, mi hermoso Muchacho! ¡Esculpe! ¡Porque tanto así es como te amo!

Las horas pasaron. Muchacho estuvo en silencio la mayor parte del tiempo mientras trabajaba. No se necesitaban palabras entre ellos. Sentía su amor por ella. Troncón escuchó todo lo que él no dijo.

Su corazón se desbordaba de amor por él. Y sabía que el corazón de él también se desbordaba de amor por ella. Ella podía sentirlo. En ese momento, el mundo era perfecto. Sus cuerpos encajaban perfectamente. Estaban hechos el uno para el otro. Ella se permitió sumergirse en esta dicha. *Suspiro*

¡Ahora sólo tiene que proponerse! pensó Troncón. Y puede que lo haga esta noche. Al fin y al cabo, ¡ya mencionó lo de casarse conmigo antes! Se imaginó la cara que pondría cuando se arrodillara. Nunca pudo explicar a nadie por qué amaba tanto a Muchacho, o por qué le había permitido tomar sus manzanas, sus ramas, su tronco... su... núcleo. ¡Oye! Nadie necesitaba entenderlo. ¡No era incumbencia de nadie!

Con toda honestidad, Troncón sabía que ella toleraba mucho de él. De hecho, había llegado al punto en que ya no le contaba a la gente cómo la trataba, porque todo lo que hacían era juzgarlo a él... o juzgarla a ella por pensar que estaba loca e inventando todo.

Nadie entendía su relación única. Las cosas tenían que ser así hasta que Muchacho pudiese sanar su corazón, lo cual sólo podía suceder gracias al amor persistente e incondicional de Troncón.

Ahora, con él acurrucado a su lado, tallando y suavizando, las olas de placer que irradiaban sus raíces eran por excelencia la felicidad. Él le estaba dando toda su atención. Ella sabía que sacrificarse por la comodidad de él era exactamente lo que necesitaba para convertirse finalmente en el Muchacho que ella sabía que podía ser, el Muchacho que tan desesperadamente ella anhelaba.

Podía sentir su aliento sobre ella, y si cerraba los ojos y se quedaba muy quieta, podía sentir los latidos de su corazón. Este momento fue una prueba del amor verdadero y perfecto... como debiesen ser todas las relaciones.

Justo cuando el sol estaba dando sus buenas noches en el horizonte, Muchacho se puso de pie. "¡Bueno, ya está hecho!" Su rostro resplandecía mientras admiraba su trabajo. "¡Oh! Una cosa más..." Muchacho se arrodilló y empezó a tallar algo en la corteza de Troncón.

"¿Qué estás tallando en mi corteza, Muchacho?" Preguntó con una dulce risa. Su voz sonaba hueca y sin sustancia. Sin embargo, había alegría en su tono.

"Sólo quédate quieta..." dijo él tranquilamente.

Estaba emocionada. Se imaginó que estaba esculpiendo un poema de amor, para conmemorar su profunda y duradera conexión que acababa de ser mágicamente reavivada... debido a su desinteresado acto de bondad y comprensión. Tal vez era una cita que hablaba de el amor incondicional y el perdón de Troncón, que ella consistente y generosamente le regalaba todo el tiempo... un poema que hablaba de cómo habían superado los fuegos y las tribulaciones por las que pasa toda relación sana. *Suspiro*... ¡Lo amo tanto!

"Excelente, excelente..." Muchacho dijo con una risa extraña.

Se puso de pie, dio un paso atrás y se desempolvó las manos. "¡Genial! ¡Ya está hecho!"

Troncón sintió una combinación de alivio y tristeza por la repentina retirada de Muchacho. Había terminado de esculpir... así que no hubo más dolor. Pero tampoco... más de sus deliciosas caricias al suavizar las astillas de madera. Seguramente

Muchacho podía sentir el amor que se intercambiaba entre ellos.

¿Qué significaba todo esto para su relación? ¿Cumpliría su promesa de visitarla diariamente? ¿Finalmente le propondría matrimonio? Ella ahora contaba con que su nueva imagen ahuecada lo mantendría enamorado. "¿Cómo me veo?" Preguntó con tono de duda.

"Como... un hermoso inodoro de madera." Muchacho respondió. De nuevo, no era el cumplido que buscaba, pero era algo.

"Justo a tiempo, también. ¡Tengo un tren llegando a la estación que ha estado chu-chu-chu todo este tiempo!" Muchacho se desabrochó el cinturón, se bajó los pantalones y se sentó. "¡Uf! ¡Estuvo cerca!" Sacando un periódico del bolsillo de su abrigo, y se acomodó para una buena lectura.

Troncón se sintió confundida. Esto no se sentía correcto. Esto no se sentía bien. Esto no se sentía como amor. De hecho, toda esta situación se sentía muy, muy... mal.

¡NO! No debe permitirse pensar en esos terribles y egoístas pensamientos sobre su pobre, emocionalmente quebrantado, perdido e indefenso Muchacho. Ella sabía que él la amaba. Y si ella pudiera continuar siendo complaciente, amorosa y paciente, él podría sanar de su terrible infancia, y finalmente amarla como realmente ella quería, en lo profundo de su interior, y debajo de su ruda apariencia.

Troncón sabía que tenía que hacer lo correcto: se quedó muy quieta, tratando de ser el mejor inodoro de madera de toda la tierra... para que Muchacho pudiese defecar en paz. Ella estaba muy agradecida de ser capaz de perdonar a Muchacho, y ver lo bueno de todo esto aquí. Ella era realmente una trabajadora de luz.

Troncón se quedó muy quieta, tratando de ser el mejor
inodoro de madera de toda la tierra.

Después de 20 minutos, Muchacho dobló su periódico y lo tiró al suelo. Se agachó, cogió un puñado de astillas de madera fresca, se limpió el trasero y las tiró encima del... tren de vapor que yacía en el fondo del hoyo recién esculpido de Troncón. Se levantó y se subió los pantalones. "¡Bueno, eso se siente mejor!" Tomando su periódico del suelo, dijo: "¡Muy bien, Troncón! ¡Me voy de aquí!"

"¡¿Qué? Espera!" gritó Troncón. "¡¿Te vas?! ¿Por qué? Pensé que..."

"Sí, tengo que volver a Fido."

"¿Quieres decir... Fella...?"

"¡Maldita sea! ¡Ahí vas de nuevo, Troncón! Su nombre es Fido. No sé de dónde sacaste 'Fella'. ¡Qué nombre tan estúpido para un perro, Fella!"

"Pero... Muchacho... Yo sólo... lo pasamos tan bien hoy... y he hecho algo especial por ti dejando que me esculpieras..."

"¡Cállate, Troncón! Eso me hizo trabajar mucho, y lo hice por ti. Mi mano está acalambrada. Además, me has dado una astilla en el trasero. ¡Duele como un hijo de puta!"

Troncón estaba desconcertada. Ella esperaba una propuesta de matrimonio, después de todo...

Muchacho se dio la vuelta para alejarse. Se sentía indescriptiblemente vivo. Por supuesto, su alegría se desvanecería cuando llegara a la ciudad, porque su vida era tan deprimente, y siempre tenía que lidiar con las tonterías de los demás. Fue agradable salir a pasear para variar.

"¡Espera! ¡Muchacho! ¿Qué tallaste en mi corteza?"

"¡Oh sí!" Exclamó. "Tallé un corazón..."

"Ay... me encanta, Muchacho..."

"...con 'Stella & Muchacho' en su interior. Olvidé decírtelo... me voy a casar."

Troncón sintió una sacudida con una profunda confusión y desesperación inimaginables. ¿Qué? ¿Cómo? ¿Se iba a casar con otra persona? "Pero... pero... espera..." Sintió como si ya no estuviera en su cuerpo. Estaba fuera de sí. "¡¿Te vas a casar con otra mujer?!"

"Sí, así es." Muchacho dijo alegremente.

"Pero yo... pero tú... pero... ¿qué pasa con nosotros?"

"¿Nosotros? No hay un nosotros, Troncón." Muchacho habló con desdén y despecho. "Sabes que tú y yo sólo somos amigos de cama."

"¡No, Muchacho! ¡Noooo! ¡No me puedes hacer esto!" Troncón nunca había sentido tal desesperación y humillación.

Muchacho nunca se sintió tan triunfante y alegre.

Simplemente no pudo contener más su temperamento. "¡¿Cómo pudiste tallar el nombre de otra mujer en mi corteza?! ¡¿Qué clase de Muchacho retorcido, cruel y horrible eres?!" Estalló en profundos y desgarradores sollozos que resonaron en las paredes de las colinas del más allá.

"¿Soy yo el retorcido, cruel, y horrible?... ¡No lo creo!" Muchacho dijo fríamente. "¡Tú eres la que me orilló a otra relación porque constantemente me fastidiabas con tu idea de que yo veía a otra mujer!"

"Booooooyyyyyy..." Ella se lamentaba... "Pensé ... que éramos tan felices, y debiste haberme dicho que te casabas con otra mujer ... y dejé que me esculpieras en un inodoro para que me visitaras todos los días ..."

"Nunca dije que te visitaría todos los días. Dije que tal vez podría visitarte todos los días, pero actúas como perra loca, que eso no va a pasar nunca!" A Muchacho le encantaba discutir sobre semántica. Después de todo, esto lo hacía verse como un sexy hijo de puta. "Pero estás totalmente actuando como una psicópata. ¿Por qué querría yo visitarte?"

"¡Muchacho!" Troncón gritó. Con lágrimas incesantes y la más profunda angustia, ella le habló con una fuerza que nunca antes había hecho. "¡¡Prometiste visitarme todos los días si dejaba que me esculpieras en un inodoro!!"

"No, nunca dije eso." Le dio la espalda.

"¡¡Sí lo dijiste! Tú... tú... MENTIROSO!!"

"¿Mentiroso? Oh, vaya vaya. Qué madura eres. ¿Qué es lo que sigue? ¿Vas a decirme que mis pantalones están en llamas?"

bostezo

Muchacho bostezó y miró hacia la puesta del sol. "¿Ves, Troncón? Es por esto que tú y yo nunca podríamos estar juntos. Eres muy, muy dramática para mí."

¿Quééé? ¿Quééé? ¿Cómo se atreve a culparla por lo que él ha provocado? ¿Cómo se atreve a bostezar en un momento como éste? ¿Después de lo que le acaba de hacer?

¡¿Con qué clase de monstruo delirante y loco estaba ella tratando aquí?! "¿Qué? ¡No soy dramática!" Troncón gritó en vano. "¡Tú... tú...!" Troncón tartamudeaba, tratando de encontrar palabras para expresar su profundo dolor y rabia "Eres... eres sólo un... gran... gordo... puto... cerdo... ¡¡¡ASQUEROSO!!!"

"¡Dios! ¡Eres una perra loca!" Se rió de nuevo con una risa malvada.

¿Qué? ¿Cómo pudo Muchacho reírse de su dolor de esta manera? ¿Cómo es que no veía lo herida que ella estaba? ¿Cómo es que no veía que ella le había dado TODO lo que era importante para ella, con la bondad de su corazón? ¿Cómo podía actuar tan despreocupado por el disgusto de Troncón, y tan desagradecido por su estelar generosidad? ¿Cómo pudo voltear la situación y llamarla inmadura y dramática? ¿Cómo pudo negar que prometió visitarla todos los días?

Y lo más importante, ¿cómo podía negar su profunda y amorosa conexión de sus almas que era tan evidente en el increíble tiempo que acaban de compartir hoy? ¿Un amor que lo había mantenido regresando a ella durante todos estos años?

Troncón no tenía respuestas, sólo un dolor profundo y consumidor... y una sensación de una completa destrucción de su sentido del yo. "Muchacho, no me hagas esto..." El tono desesperado de Troncón se convirtió en uno de profundo duelo. "Te amo, Muchacho. No te vayas."

"¡Estás loca!" Muchacho se rió. "Hace un minuto estabas gritando, llamándome 'puto cerdo asqueroso'."

"Lo sé... pero... pero no quise decir eso..." Troncón habló con sollozos. "Sólo estoy confundida..."

"Oh, por el amor de Dios! Averígualo. ¡Y madura!"

Troncón sintió que una espeluznante oscuridad se apoderaba de ella. Muchacho se alejaba, llevándose consigo todo lo que ella solía ser. Su núcleo. Su identidad. Su alma. Y por si eso no fuera suficientemente doloroso, en ese bendito lugar donde una vez habitó su alma, él había dejado una mierda gigante y apestosa.

"¡Oh! ¿Hey, Troncón?" Muchacho se detuvo y dio la media vuelta, como si tuviera algo muy importante que decir. "Acabo de descubrir algo."

"¿Qqqueee... Muchacho?" Apenas ella podía pronunciar sus palabras. Sus pensamientos nublados giraban sin sentido, en su intento desesperado por procesar lo que Muchacho acababa de hacerle. Ahora él tenía algo que decirle. ¿Qué sería?

¿Estaba finalmente entendiendo cuán profundamente herida ella estaba? ¿Cuán devastada se sentía en ese momento? ¿Seguramente, a él le debe importar, aunque sea un poco? ¿Quizás este era el momento en que él confesaría sus verdaderos sentimientos de amor por ella? ¿El momento en que él arreglaría todo entre ellos? ¿Quizás este era el momento en que se disculparía por haber sido tan horrible con ella todos estos años? ¿Quizás este era el momento en que exoneraría su confusión y dolor y le agradecería que siempre estuviese ahí para él? ¿Quizás Muchacho estaba listo para profesar su amor eterno y su profundo aprecio por la maravillosa persona que Troncón había sido para él en su vida? Incluso si él aludiera un poco a algo de esto, aliviaría el dolor de ella enormemente. La vida de Troncón pendía de un hilo mientras esperaba sin aliento las palabras de despedida de Muchacho.

"Acabo de darme cuenta... de que estás llena de mierda." Entonces Muchacho, sintiéndose el más listo por su rápido y doble sentido en este comentario, se rió de forma espeluznante. Troncón se quedo en silencio. Sólo vio cómo el amor de su vida le daba la espalda una vez más... y desaparecía lentamente en la puesta de sol. Nunca más lo volvió a ver. Y vivió vacía para siempre.

El Fin

(¿O no?)

(Ella no sabía...)

(Todo dependía de Muchacho...)

(¿O qué?)

... *un poco de ayuda?*

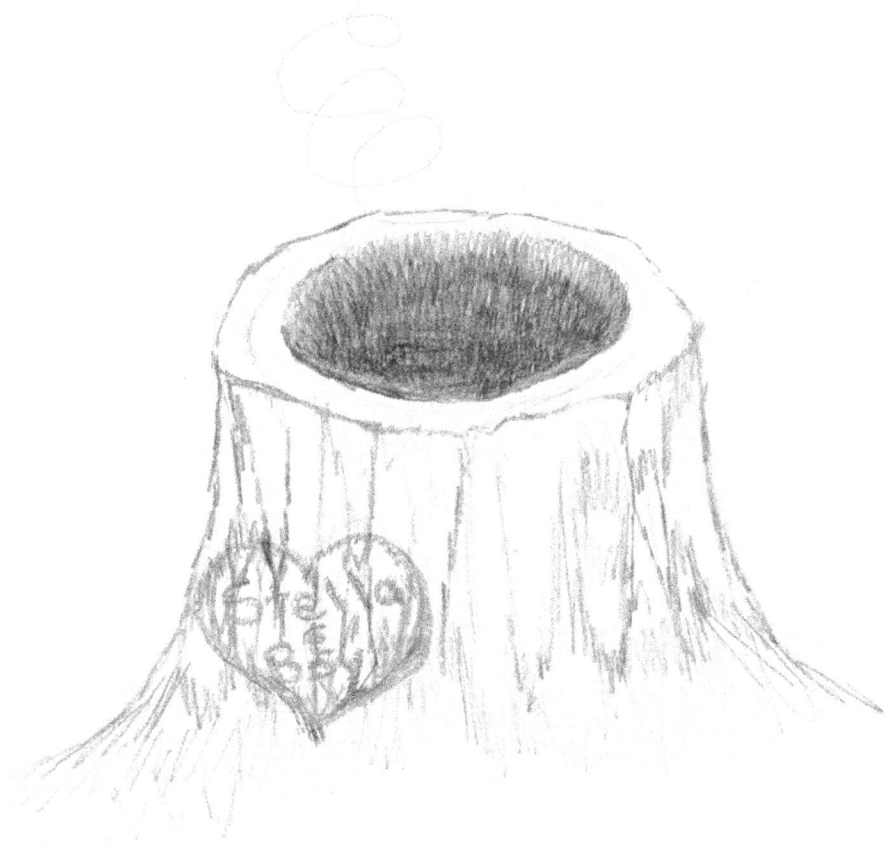

Discusión

Si estás involucrado/a en una relación con alguien que se comporta y se comunica como Muchacho -o en otras formas que son igualmente frustrantes-, es probable que estés sufriendo abuso narcisista.

En The Giving Tree (El Árbol Que Regala) de Shel Silverstein, el Muchacho se comporta de manera congruente con el narcisismo patológico. Por favor, toma en cuenta que aquí utilizo el narcisismo como un rasgo -para explicar su comportamiento- y no como un diagnóstico. El comportamiento narcisista es evidente en cualquier número de enfermedades mentales. Mientras que el comportamiento del Muchacho ciertamente parece narcisista, sería irresponsable de mi parte darle a Muchacho un diagnóstico psicológico de Trastorno de Personalidad Narcisista (TPN) o cualquier otro trastorno mental de un vistazo terciario a través de El Árbol Que Regala. La manera en la que presento esta historia -*El Troncón Que Regala*-, es estrictamente bajo licencia poética, y con el propósito de educar a mis lectores.

Con esto dicho, esta manera de presentarla no fue difícil. En El Árbol Que Regala, el Muchacho es presentado con una gran falta de empatía por el dolor y la pérdida inconmensurable que le causa a su querida amiga de toda la vida. Se apropia ingratamente de todas las cosas que ella atesora: sus manzanas, ramas y tronco.No muestra preocupación o empatía por la devastación que le causa, en un esfuerzo por cumplir sus propios caprichos triviales.

En este libro, *El Troncón Que Regala*, tomo estas propensiones y las pongo en práctica. A lo largo de la historia, me explayé sobre la clara dinámica de la relación entre Troncón y Muchacho, y las saqué a la luz -donde pueden ser estudiadas de forma crítica y juiciosa-. Te entiendo: hay una posibilidad de que estés un poco confundido/a al respecto. Sacar la bestia a la luz puede invocar ansiedad, desorientación e indignación moral. Pero aguanta. Esto está a punto de... empeorar.

En ambas historias, Troncón (antes conocida como Árbol) se divorcia constantemente de su verdad para obtener la aprobación de Muchacho, y en vanos esfuerzos para hacerlo feliz, para mantener la paz en la relación, y sobre todo, para hacer que la ame. ¿Qué le cuesta esto en términos de calidad de vida? ¿Salud física? ¿Su alma? ¿Su eficacia personal? ¿Su autoestima? ¿Sus amigos y relaciones familiares? Todo.

Lo que ella da... Lo que él recibe

Obsérvese el desproporcionado intercambio entre lo que Troncón le da a Muchacho y lo que él realmente recibe. Esta pieza es más que espeluznante, y debería asustarte mucho. Ella le da sus preciosas y deliciosas manzanas; él las reduce a sacos podridos y llenos de gusanos. Ella le da sus ramas fuertes y hermosas; él construyó con ellas una choza que fue rápidamente arrasada por una tormenta.

Ella le da su tronco robusto y lleno de vida; él al azar lo convierte en un barco y lo hunde. Muchacho niega cualquier error, minimiza el dolor de Troncón y utiliza la discusión de sus experiencias sólo de tal manera para abusar de ella aún más.

Esta dinámica indica exactamente lo que sucede en la vida real, con humanos reales que están sujetos a las consecuencias reales del abuso narcisista. Un enorme porcentaje de nuestros miembros de la sociedad encarcelados, sin hogar y enfermos mentales están en sus respectivas situaciones porque fueron víctimas involuntarias de abuso narcisista. Muchos fueron alguna vez individuos prósperos, felices y exitosos, y contribuyentes positivos a la sociedad... que ingenuamente dieron sus vidas y almas a los apetitos voraces del narcisismo. Lamentablemente, un poco de consciencia podría haberlos salvado de tales consecuencias largas y de por vida.

¿Amor incondicional?

Troncón, siendo la siempre amable, cariñosa, perdonadora y desinteresada, con su pacto *'martirialista'* que ella en su mente las pone como 'ideales de virtud', no puede ver y reconocer la verdad sobre Muchacho. Lo hace para racionalizar la permanencia de esta relación increíblemente extinta con él. Esto es un reflejo directo de su nivel de amor a sí misma, derivado de su memoria emocional sin procesar.

Muchacho es un Muchacho extremadamente peligroso y mentalmente defectuoso que no tiene la capacidad o la intención de cambiar. Esta dinámica proporciona las condiciones para la tormenta perfecta entre él y Troncón. Pista: Muchacho es el tornado.

¿Quién es vulnerable al abuso narcisista?

Las personas que son más vulnerables al abuso narcisista son muy parecidas a Troncón (antes conocido como Árbol). Son personas muy generosas, amables, aduladoras y sensibles que ven lo bueno en todos y perdonan a los demás incondicionalmente. Le restan importancia y minimizan su propio dolor para hacer que otras personas se sientan mejor, o para mantener la paz con una pareja que de otra manera sería volátil.

También son los que tienden a ponerse en último lugar, nunca pueden decir que 'no', y se comprometen demasiado con los demás o tienen un sentimiento de culpa exagerado. Una vez más, todo esto proviene de una falta de amor propio, y de una herida emocional no reconocida.

Si tú has sido víctima o has presenciado de cerca el abuso narcisista de un ser querido, **entenderás** totalmente este libro. Fue escrito con el propósito de aumentar tu consciencia y darte palabras para las situaciones previamente indefinibles y sin resolver en las que te has encontrado a las manos de los imposibles.

El abuso narcisista es profundamente doloroso. Te arranca las entrañas y te revuelve el cerebro. En todos los sentidos, te roba la alegría. Una vez que tengas una buena comprensión de los fundamentos del abuso narcisista, tu verdadera sanación puede comenzar. El siguiente libro en esta serie: El Troncón Sobreviviente (título provisional) te dará la guía y la perspicacia para los siguientes pasos en tu viaje a la recuperación.

El papel del Muchacho contra el papel de Troncón

Es muy fácil identificar las acciones abusivas de Muchacho en *El Troncón Que Regala* y, ahora que sabes qué buscar, en *El Árbol Que Regala*. Lo que es mucho menos discernible es el papel de Troncón en esta relación disfuncional. Si te das cuenta, Troncón no sólo permite el abuso de Muchacho, sino que lo recompensa, y a veces, incluso lo invita. ¿Le gusta? Por supuesto que no. Pero, debido a su habilidad para manipularla psicológicamente, ella le da luz verde para continuar.

Una vez más, el narcisismo no es tanto un diagnóstico, sino un rasgo que prevalece en muchas condiciones diferentes de salud mental. Los empáticos y co-dependientes, cuando se desencadenan emocionalmente, también pueden volverse altamente defensivos y tóxicos. Las personas con una compleja reacción de estrés postraumático, trastornos de personalidad del grupo B (por ejemplo, limítrofe, histriónico, antisocial), las que tienen una lesión cerebral traumática e incluso autismo, pueden mostrar comportamientos abusivos. De hecho, muchos profesionales de la psicología afirman que el narcisismo cae en el espectro autista.

Estoy en total desacuerdo con esta noción; los narcisistas son deliberadamente vengativos, se apasionan con el dolor que infligen a otros, y FINGEN ignorancia de las normas sociales para frustrar y dañar a otros. También guardan profundos y duraderos rencores, participan en campañas de desprestigio contra cualquiera que se atreva a 'cruzarlos', carecen totalmente de empatía, y tienen una fuerte *mentalidad de derecho*. También pueden convertirse oportunistamente en personas encantadoras, carismáticas y socialmente adeptas cuando les corresponde hacerlo. Nada de esto es cierto para las personas con autismo -que realmente tienen problema para interpretar las señales sociales y para figurar cómo sus comportamientos pudiesen afectar a los demás-.

En cualquier caso, ten cuidado de no etiquetar a las personas como narcisistas. Al mismo tiempo, no te quedes a tratar de averiguar, rescatar o permitir de alguna manera a una persona abusiva. Alguien que no es narcisista, generalmente querrá obtener ayuda y hacer esfuerzos para sanar su vida. Un narcisista no lo hará -a menos que sea usado como parte de una manipulación o para hacer volver a la víctima-.

La Tríada Oscura

Hay tres sectores psicológicos de abuso mental maligno conocidos como La Tríada Oscura, que se identifican sucintamente a continuación:

Narcisismo: Es la tendencia a buscar admiración, respeto injustificado y trato preferencial de los demás.

Psicopatía: Es la tendencia a ser extremadamente severo, insensible e ignorante de las necesidades o sentimientos de los demás.

Maquiavelismo: Es la tendencia a coaccionar o manipular a otros para beneficio y satisfacción personal.

Incluí esta información porque, a medida que tú investigues y aprendas sobre el abuso narcisista, oirás a la gente referirse a estos términos a menudo.

Trastornos de Personalidad y Narcisismo:

Hay diez trastornos de personalidad diagnosticables en el DSM-5 (Diagnostic and Statistical Manual of Mental Disorders 5th Edition / Manual de Diagnósticos y Estadísticas de Trastornos Mentales 5ta Edición). No confundir estos con La Tríada Oscura; estos diez trastornos de personalidad se clasifican en tres grupos generales:

Grupo A (Raros y excéntricos: paranoicos, esquizoides, esquizotípicos.)

Grupo B (Dramáticos, emocionales, erráticos y los más abusivos.)

Grupo C (Ansiosos y temerosos: evasivos, dependientes, T.O.C. / Transtorno Obsesivo-Compulsivo.)

Aunque todos los trastornos de personalidad pueden dar lugar a experiencias de abuso narcisista, los trastornos de personalidad del grupo B se reconocen como el grupo que conduce al abuso deliberado y manipulador mediante la explotación de las propias heridas / debilidades no reconocidas de la víctima. Nótese que los rasgos pueden cruzarse con cualquiera de los otros grupos. A menudo, los narcisistas se presentan como con 'trastorno de personalidad no especificado de otra manera (N.E.O.M.)'. Esto se debe a su constante cambio de forma para explotar a diferentes víctimas, de diferentes maneras.

Enfoque en el grupo B:

Antisocial: (Te lastimaré a propósito y me reiré en tu cara mientras lo hago -y secreta o abiertamente me deleitaré con el dolor que te he causado-.)

Histriónico: (Soy guapo/a , brillante, sexy... y tú no... y ME MEJOR NO ME MOLESTES, TÚ ¡ZORRA ESTÚPIDA! ¡Oye! Me gustan tus zapatos.)

Narcisista: (Tengo derecho a cualquier cosa buena que tengas. Haré lo que pueda para conseguirla. Y si me haces algo que no me gusta, ¡te arrepentirás!)

Limítrofe: (¡Te amo! ¡Te odio! ¡Te necesito! ¡Por favor, quédate! ¡Aléjate de mí!) Nota: un narcisista puede, como lo hizo con Troncón, obligarla y someterla con comportamientos que son consistentes con el Trastorno de Personalidad Limítrofe. Sin embargo, es mucho más probable que Troncón esté sufriendo de lo que los expertos en narcisismo llaman '*Reacción Compleja de Estrés Postraumático*'.

Para simplificar, toda manipulación y abuso resultantes de los trastornos de personalidad del grupo B caen en el área del narcisismo. Para los propósitos de este libro, me refiero a todo esto como *narcisismo* y *abuso narcisista* -de nuevo, para describir los rasgos y conductas- no para dar un diagnóstico concluyente.

Sin embargo, la realidad es que una víctima es a menudo la que es considerada como narcisista en la relación, y el verdadero narcisista se posiciona como la víctima.

Basta de tantos términos de psicológica. ¡Vayamos a las definiciones!

Definiciones

Narcisista: Una persona engreída y manipuladora (a veces puede ser extremadamente pasiva y su objetivo es controlarte abierta o encubiertamente). Un narcisista típicamente exige que renuncies a tus creencias personales, comodidades, planes y otras cosas esenciales para servirle como un ser superior. Un narcisista explotará tu confianza, posesiones, dinero, niños, manipulará tu bondad (que ellos ven como debilidad) revolverá tu cerebro a propósito, te devaluará y corromperá tu paz personal -todo para su propio beneficio personal-. La mayoría de las veces, verte sufrir, arrastrarte, llorar o rebelarte es toda la recompensa que un narcisista necesita. Se 'alimentan' del sufrimiento de otras personas.

Relación Narcisista: Una relación con comportamientos narcisistas demostrados, en la que una persona es el abusador y otra la víctima. Es importante saber que el narcisismo tiene muchos 'sabores' y puede ser extremadamente difícil de detectar. A menudo, la víctima es la que parece culpable de ser el / la abusador/a porque está muy frustrado/a y desgastado/a.

Manipulación: La manipulación es la influencia intencionada y hábil que se impone a otra persona o grupo de personas para obtener beneficios egoístas. Las tácticas de manipulación varían.

Algunos narcisistas manipulan mostrando una profunda sensación de impotencia, obteniendo así tiempo y atención desmesurados de sus víctimas. Otros se hacen los tontos y tratan de convencer a la víctima de que no quisieron hacer daño con sus palabras o comportamientos obviamente hirientes. Otros dan regalos terribles, incluso insultantes, y luego fingen estar ofendidos cuando su víctima no está emocionada o agradecida. Por ejemplo, un Muchacho narcisista podría comprarle a su esposa un ramo de flores marchitas, un par de zapatillas que son demasiado pequeñas para sus pies (más grandes), o una taza de café barata con la foto de una mujer sexy en bikini con la inscripción: '¡Estás tan caliente como el café en esta taza!' Cuando ella lo mire con fastidio, él dirá: "¿Por qué estás tan molesta? Te estoy haciendo un cumplido al darte esta taza!" seguido de, "¡Jesús! ¡¿Intento hacer algo bueno por ti, y esto es lo que obtengo?!" Él la culpa a ella. ¡Culpa! ¡Culpa! ¡Culpa! ¡Culpa! ¡Confusión! ¡Culpa! hasta que ella se derrumba y se disculpa con él, y finalmente le agradece por la estúpida taza - por ninguna otra razón más que para mantener la paz-.

Uno de los MEJORES **peores** regalos que he escuchado es este: Para su aniversario, el esposo narcisista de una mujer le regaló una réplica de su pene en hierro fundido y bronceado. Ella estaba mortificada. Pero, ella al no entender acerca del narcisismo en ese tiempo, y preocupada de que pudiera herir sus sentimientos, se rió y lo atribuyó a un momento de estupidez por parte de él. Rápidamente escondió el horrible regalo en un estante superior de su garaje, donde estaría a salvo de los ojos curiosos de sus dos hijos pequeños. Él se enfadó, lo sacó del estante, e insistió en que lo pusiera sobre la chimenea de la sala. La batalla que siguió fue amarga y larga, con él acusándola implacablemente de ser una esposa maleducada, malcriada y de alto mantenimiento que no apreciaba en absoluto su asombroso y sincero regalo que cualquier otra mujer en el mundo estaría **encantada** de recibir. (¡Ay ay ay! ¡Totalmente! ¡La perra pretenciosa!)

Tenga en cuenta que el narcisismo no sólo se manifiesta en relaciones románticas, sino también en amistades, familias, vecinos, profesores, compañeros de trabajo y, especialmente, supervisores. Como los narcisistas carecen de empatía, NO tienen problemas para mantenerse tranquilos mientras hacen que sus compañeros parezcan incompetentes e idiotas emocionales. Los grupos de narcisistas aparecen en círculos sociales, escuelas, ambientes de trabajo, iglesias y oficinas de gobierno donde muchos egos pueden competir por la oportunidad de inflar sus respectivos pechos e intimidar a otros en una sumisión irracional.

Campaña de Desprestigio: Una campaña de desprestigio es una difamación intencionada y vengativa de tu nombre, reputación y carácter. El narcisista creará falsas narraciones para hacerte aparecer como una persona retorcida, egoísta e inepta que, irónicamente, es una proyección exacta de quien él es realmente. Las motivaciones para las campañas de desprestigio varían. A veces es porque tú has descubierto que algo está mal con él / ella. Tal vez no lo / la adoras como se supone que debes, o le tratas como la autoridad omnisciente en cualquier tema o situación. Puede que esté celoso/a de tu apariencia, carisma, popularidad, inteligencia o luz espiritual (¡cuidado con la gente bella, espiritual e inteligente! Ustedes son objetivos especialmente deliciosos para los narcisistas). Algunos narcisistas lanzan campañas de desprestigio para poder explotar o apropiarse de algo que tú tienes (como un amante, dinero, propiedades, mascotas, niños, etc...). Muchas veces, las campañas de desprestigio se lanzan simplemente porque eres feliz y estás en paz, o tienes algo que hace que un narcisista se sienta inferior. En su mente, tú lo / la estás lastimando a propósito y, por lo tanto, mereces sufrir. Él / Ella decide destrozar tu reputación y tu vida, y disfrutará de tu sufrimiento y caída. No intentes comprenderlo/la; el narcisismo, en su conjunto, desconcierta a la gente normal y racional.

Proyección: Se debe al hecho de que le falta del sentido de sí mismo/a y la auto-reflexión es imposible para el / la narcisista. Él / Ella obtiene su sentido de sí mismo/a únicamente de la retroalimentación de los demás. Esto también significa que nunca confesará sus errores (excepto cuando trata de enredar a una víctima). Más bien, proyecta sus errores, junto con su propio sentido de ineptitud, defectos, egoísmo, y otros déficits en las personas que le rodean. Culpa es el nombre del juego. Sorprendentemente, cree en sus propias proyecciones, y por lo tanto, puede ser más convincente en los demás. Mientras lo hace, se atribuirá el mérito de tus logros y tu arduo trabajo. Por eso a los narcisistas también se les hace referencia como mentirosos patológicos.

Sentido de Sí Mismo/a: Tener un sentido de sí mismo/a significa tener una comprensión inherente de que uno existe separado del mundo, y no como una extensión de él o de otros. Los niños y adolescentes pasan naturalmente por un proceso de individuación (crucial) para desarrollar su propio sentido de sí mismos -como se evidencia en los 'terribles dos' y la rebelión adolescente-. Si estos procesos son frustrados por padres, hermanos, sociedad, acosadores, autoridades eclesiásticas u otros adultos prepotentes, el / la niño/a podría no individuarse, y el narcisismo o la co-dependencia podrían darse como resultado. Una visión externa de sí mismo/a se convierte en el marco de su existencia.

Tanto el / la narcisista como el co-dependiente sufren de un sentido de sí mismos dañado. Para el / la narcisista, el sentido de sí mismo/a es completamente inexistente, lo cual, aunque muy triste, es lo que lo / la hace tan peligroso/a. El sentido de sí mismo/a es esencialmente la forma en que una persona se ve (y 'siente') a sí misma en relación con el mundo. Una persona sana tiene un sentido de sí misma intrínseco que coexiste en un entorno más amplio y en el mundo. Una persona que carece de sentido de sí misma, por otra parte, depende de las circunstancias de su vida y de otras personas para mostrarle quién es. Por eso un narcisista se vuelve tan hostil con aquellos que lo rechazan o insultan.

Nótese que tanto el narcisista como el co-dependiente tienen dificultad para identificar su sentido de sí mismos. Esta es la diferencia: el co-dependiente se involucrará en la terapia, el perdón y otros medios para 'hacer lo correcto' y resolverlo; el narcisista no dudará en explotar esta tendencia en los demás.

Co-dependiente: Normalmente el objetivo de un narcisista. Una persona co-dependiente es feliz sólo si su pareja es feliz con ella. Tiene miedo cuando su pareja se enfada, se siente bien consigo misma si su pareja le expresa amor o gratitud, etc... Troncón claramente sufre de co-dependencia... que es lo que la hace tan vulnerable al continuo abuso de Muchacho.

Nótese que las personas co-dependientes evolucionan como personas altamente empáticas e intuitivas; esta es una reacción de supervivencia adaptativa para navegar en un mundo hostil. Es por eso que a los co-dependientes se les llama a menudo empáticos. (También es la razón por la que tantas personas lastimadas terminan como psíquicos -¡tengan cuidado!-) Algunas buenas noticias aquí son, una vez que un co-dependiente se sana y transforma su propia herida y recupera su sentido de sí mismo, su empatía permanece y se vuelve altamente refinada y su intuición aumenta.

Falso Yo: Los narcisistas están desprovistos de su verdadero yo. En su lugar, afirman su falso yo. El falso yo es exactamente lo que sale a flote: una versión falsamente construida de lo que realmente él / ella es.

Usualmente (pero no siempre), el falso yo es confiado, manipulador y astuto, buscando constantemente maneras de explotar a otros para controlar y alimentar su sentido de superioridad. Los co-dependientes también afirman matices de un falso yo, pero no han perdido su verdadero yo por completo. Los co-dependientes también son capaces de sentir culpa, empatía y sanación. Generalmente, un verdadero narcisista no es capaz de esto, aunque algunos narcisistas están llenos de culpa por su comportamiento. En lugar de disculparse, lo compensan dando regalos, siendo especialmente cariñosos, o extendiendo actos aleatorios de bondad hacia la víctima. Esto es a veces parte del enredo, y de la mente maestra de control que el narcisista ejerce sobre su víctima.

Suministro Narcisista: Metafísicamente hablando, el suministro narcisista es la energía de la fuerza vital de la víctima, y un delicioso platillo para el alma vacía del narcisista. Un narcisista puede obtener suministro narcisista a través de cualquier número de medios, con el objetivo de perturbar los pensamientos, creencias, paz personal, confianza, libertad, reputación, relaciones, salud o solvencia financiera de la víctima.

Un narcisista se siente con derecho a destruir la vida de otras personas para sentirse mejor, porque cree que es mejor que todos de alguna manera. (Es más guapo, mejor con el dinero, con mejor salud, es más inteligente, es más fuerte o físicamente más ágil que los demás, etc...) De nuevo, no intentes entenderlo/la sólo reconoce que hay un virus en su aparato mental, y necesitas protegerte manteniéndote lo más lejos posible de él / ella. Así como no puedes protegerte de un resfriado o de la gripe enloqueciendo y gritando a una persona infectada, tampoco puedes protegerte del narcisista enloqueciéndote o gritándole. Él / Ella usará tu arrebato emocional como una línea directa a tu psique y te inundará con su infección.

Sin embargo, hay algo de esperanza: como aquellos con sistemas inmunológicos saludables, tú puedes evitar ser inoculado con el virus narcisista. Tus primeros pasos son educarte y estar enterado/a, que es exactamente de lo que trata este libro. ¡Sí!

Narrativa Falsa: Las falsas narrativas son mentiras contadas por los narcisistas que salen de la nada. Las acusaciones, rumores e historias son completamente ficticias, llevadas a cabo y en la mente del narcisista con el único propósito de desmoralizar a su objetivo. Las falsas narrativas están diseñadas para provocar vergüenza en su objetivo, lo que se logra fácilmente porque el narcisista construye falsas narrativas basándose en los puntos débiles emocionales identificados en dicho objetivo. La creación de falsas narrativas no tiene sentido para nosotros, gente sana, racional y honesta, que valoramos la verdad, la cooperación y las relaciones pacíficas. Recuerden que el narcisista no busca la verdad, las relaciones pacíficas o la cooperación; busca el suministro narcisista, que sólo puede ser obtenido mediante el desencadenamiento de reacciones en otros. Vemos falsas narrativas muy a menudo en los círculos profesionales, ya que los narcisistas buscan no sólo cubrir sus respectivos traseros, sino también ascender en las posiciones corporativas hacia el éxito y el poder. Debido a que las falsas narrativas pueden (comprensiblemente) desencadenar una rabia de indignación moral en las víctimas, para cuando las mentiras llegan a los 'niveles superiores' de cualquier empresa, todo el mundo está hablando sólo de la reacción de la víctima, y no de las mentiras reales que desencadenaron tales reacciones. Por lo tanto, si alguna vez te encuentras en una situación donde tú eres el objetivo de una falsa narrativa, la mejor manera de afrontarla es hacer todo lo posible para calmar tu ira reactiva. EFT (Emotional Freedom Technique / Técnica de Liberación Emocional) se deshace de la reacción al estrés en el cuerpo. Si no 'resuenas' emocionalmente con la falsa narrativa del narcisista, es probable que no tenga el impacto que él / ella busca, y te será mucho más fácil desacreditarlo/la. Di la verdad tan pronto como escuches los rumores, y dilo con calma y ampliamente. Hazlo de inmediato. Manéjalo ligeramente, pero dilo. Una advertencia: no hagas mucho por tratar de defenderte, porque ésta es también una manera de que el narcisista se abastezca de ti. (Muchas gracias a Jerry Graves por su excelente discusión sobre este tema: Dealing with Narcissist's False

Narratives at Work / Lidiando con las Falsas Narrativas de los Narcisistas en el Trabajo: 24 de Septiembre de 2018, YouTube.)

Derecho: El narcisista tiene la grandiosa creencia de que es más importante, superior o brillantemente único que otras personas. Esto significa, en su mente, que debe recibir un tratamiento especial, privilegios, atención y otros recursos que no se le conceden a los plebeyos. Por ejemplo: no debería tener que esperar en línea como todo el mundo, debería recibir un precio especial (o entrada gratuita) para un evento, debería poder llevarse las manzanas, ramas y tronco de su mejor amiga, Árbol, sin ni siquiera un agradecimiento, y creerá con cada átomo de su ser que Árbol 'le debe' estas cosas y debería agradecerle su tiempo y atención. El *sentido de derecho* es lo que impulsa a un narcisista a explotar a otros para su beneficio personal.

Triangulación: Un abusador a menudo involucrará intencionalmente a un tercero (real o imaginario), como otra persona, grupo o entidad (por ejemplo, un consejo de administración) en la relación con el fin de seguir abusando de la víctima. Esto se denomina como triangulación. El abusador consigue manipular a este tercero para que crea cosas terribles sobre la víctima que no son ciertas. El propósito de la triangulación es 'propagar la locura' y convertir al tercero en un *mono volador* para ayudar a llevar a cabo su abuso narcisista contra la víctima. Esto causa una grave angustia en la víctima, que normalmente termina aferrándose al narcisista, y tratando de explicar su inocencia.

Especialmente, los narcisistas usarán chismes, mentiras descaradas y sus propias proyecciones perversas para poner a otros en contra de su víctima. Ya que el narcisista es extremadamente hábil en identificar las heridas y la debilidad de otras personas, todo lo que necesita hacer es explotar las heridas o las debilidades identificadas, y luego culpar a la parte triangulada.

Por ejemplo, un narcisista podría decirle a una mujer que está preocupada por su aspecto en traje de baño: "No puedo creer que Ana haya dicho que tienes celulitis. Creo que te ves muy bien. No es una muy buena amiga". Por supuesto, Ana nunca dijo que su amiga tenía celulitis, pero tal declaración cegará emocionalmente a la víctima y se sentirá herida o enojada con Ana por decir tal cosa. Cuando las personas son emocionales, son extremadamente vulnerables a la sugestión. Por lo tanto, con su víctima alterada, el narcisista la convencerá fácilmente de que debe dejar de ser amiga de Ana por completo, porque ella (Ana) tiene obviamente dos caras. Esta es una de las formas en que los narcisistas aíslan a las víctimas de sus amigos, parientes, vecinos y colegas. El aislamiento es una parte clave del abuso narcisista, porque se deshace de la gente que podría levantar las cejas ante los comportamientos cuestionables del narcisista.

Acto Fantasma: A veces el narcisista desaparece de la relación sin explicación, sin advertencia, sin enviar mensajes, llamar o comunicarse de alguna manera. Este repentino 'ignorar' a la víctima es completamente intencional. Suele ocurrir después de un intenso período de intimidad y afecto. Parece surgir de la nada; su propósito es desconcertar completamente y confundir a la víctima y enviarla a una ansiedad que la consuma para tratar de averiguar lo que hizo mal. Su ansiedad alimenta el falso ego del narcisista -confirmando que él, de hecho, es extremadamente importante, deseable, etc... o ella no estaría tan molesta de que él desapareciese-. Por lo tanto, el proceso del acto fantasma le da enormes cantidades de suministro narcisista. Sólo vemos el acto fantasma en *El Troncón Que Regala* en retrospectiva, al discutir el hábito de Muchacho de mantenerse alejado de Troncón por largos períodos de tiempo, sin ninguna comunicación ni explicación. Su alejamiento al final de la historia es más un despido que un acto fantasma.

Táctica de Cerrojo: La táctica de cerrojo es diferente al acto fantasma; suele ocurrir cuando aún se está en la presencia física de la víctima. Denota un 'cierre' completo y negación a comunicarse, generalmente sobre un tema extremadamente importante. La táctica de cerrojo es una forma de abandono emocional en una relación. Por ejemplo, si una víctima se enfrenta a su marido con pruebas de que él está teniendo una aventura, él en lugar de defenderse o disipar los temores de su esposa, simplemente se 'cierra' a ella. Se cerrará y se negará a hablar de ello -o cualquier otra cosa-. La evasión es una forma de castigarla por interrogarlo. Es especialmente útil para manipular y obtener control sobre una víctima que busca desesperadamente la aprobación, la atención y la conexión de su pareja.

Bombardeo de Amor: Cumplidos exagerados, expresiones de amor y afecto, los regalos, la admiración, la atención, la compasión y la devoción por parte del narcisista. El bombardeo de amor normalmente ocurre al principio de una relación o puede ser usado como 'gancho'. Se gana la confianza de la víctima y asegura el apego emocional al narcisista. Una vez que la víctima se engancha, comienza la etapa de devaluación.

Vínculo por Trauma: Un poderoso vínculo psicológico que surge de los instintos de supervivencia. El vínculo por trauma surge de la experiencia de un dolor intenso (físico o emocional) unido a un placer intenso. El cerebro humano ve a una persona que da dolor y placer como algo muy importante, y los procesos biológicos, hormonales y neurológicos trabajan tiempo extra para crear un vínculo con ese individuo.

Mono Volador: También conocidos como *secuaces*, los monos voladores son personas que orbitan y adulan por la aprobación y el favor de un acosador o narcisista. En general, se comportan así en un esfuerzo por mantenerse seguros y promover su propio bienestar. Los monos voladores son muy comunes en ambientes de trabajo y hogares abusivos; trabajadores aterrorizados / hermanos se vuelven en contra de los demás para obtener el favor del supervisor / padre abusivo. La mayoría de las veces, los monos voladores saben exactamente lo que hacen, se dan cuenta de que están mal, y toman la decisión consciente de hacerlo de todos modos. En algunos casos, sin embargo, son manipulados sin saberlo por el narcisista para que se enfrenten a un objetivo. Los monos voladores apoyarán y defenderán al narcisista, ya que son demasiado débiles psicológicamente u oportunistas, para decir y hacer lo que es correcto. Las personas con una autoestima débil / bajo, suelen ser muy susceptibles a ser monos voladores.

División: La división es un mecanismo psicológico que divide la realidad dividiendo a todas las personas (incluido el yo) en todos los extremos malos o buenos. No hay tonos de gris. La realidad es blanca o negra, correcta o incorrecta. La gente es poderosa o impotente, y se reduce a ganadores o perdedores. Como el narcisismo es un rasgo común en la adolescencia, a menudo vemos este tipo de crítica y juicio extremo en los adolescentes, por lo que las *clicas* y grupos están tan delineados en la escuela secundaria y preparatoria.

Negación: Una táctica cobarde de abuso de la mentira descarada para protegerse a sí mismo/a, confundir a la víctima o lavarle el cerebro para que crea una mentira explícita o implícita. Para los inconscientes, la negación es una locura porque el campo de juego de una discusión y un argumento justos es efectivamente inexistente. (¿Cómo se puede discutir en contra de un engaño que está ferozmente protegido como verdad absoluta en la mente del desviado/a? No puedes.) Los narcisistas más malévolos usan rutinariamente la negación como una forma de controlar, molestar y destruir a propósito sus víctimas. Debido a la gran magnitud de las manipulaciones que deben ser eludidas para intentar llegar a la verdad, la mayoría de los empáticos (víctimas / co-dependientes -que están perpetuamente adulando para complacer al abusador de todos modos-) terminan por 'dejarlo ir' porque 'no vale la pena el problema'. Piensa en la canción 'It Wasn't Me' ('No fui yo') de Shaggy para entender lo perversa y rudimentaria que es la negación para el narcisista. Frente a la evidencia descarada e irrefutable, él simplemente seguirá repitiendo: "No fui yo" o "Yo no lo hice". Vemos esta perversa negación todo el tiempo con los asesinos en serie y los violadores. ¡Harvey Weinstein es un ejemplo perfecto!

Devaluación: La etapa de la relación narcisista que viene después de que una víctima se 'engancha' a un abusador. El narcisista, sin previo aviso, 'apaga el interruptor' de su lado amable, cariñoso, generoso y atento, a un lado frío, insensible, cruel e insultante. En la fase de devaluación, el narcisista muestra una gran falta de empatía, de gratitud, y de aprecio por la víctima. La devaluación de la víctima tiene el propósito de obtener el control desorientando y perturbando a la víctima en un frenesí por tratar de volver a su previa relación maravillosa de cuento de hadas.

Proyección: Ocurre cuando alguien culpa a otra persona por sus propias creencias, comportamientos o actitudes. Ejemplo: un novio infiel acusará con vehemencia a su novia de engañarlo. A menudo, no tiene idea de que está proyectando su propia culpa. Interesante barra lateral: la proyección es la base de las pruebas psicológicas lógicas como la de Rorschach (*ink-blot*), o incluso la observación de las nubes. Si estás observando las nubes con tu pareja romántica y él dice que ve a una bailarina de tubo azotando un pony con la faja de su abuela, ¡cuidado! ¡y corre!

Furia Narcisista: Un ataque de ira lanzado por un narcisista con el fin de someter a otra persona, provocar miedo, o de otra manera obtener el control sobre una víctima o grupo de víctimas. La rabia narcisista ocurre más a menudo en respuesta a que alguien lo / la sorprende en una mentira o cuestione su autoridad u otra cualidad que sea parte de su falsa máscara de superioridad. Un/a narcisista furioso/a es muy peligroso/a. En algunos casos, el narcisista cree que está perfectamente justificado/a en su ira.

Acto de Aspirado (Hoovering): Acuñado por la famosa compañía de aspiradoras de limpieza, *Hoover*, un narcisista hará y dirá todo lo que pueda para *aspirar* a una víctima desocupada / desinteresada para que pueda seguir abusando de ella. El acto de aspirado / hoovering puede ser algo tan simple como darle un *like* a una publicación en las redes sociales de una víctima, o tan elaborado como orquestar una propuesta de matrimonio en frente de una multitud de personas. Muchas veces, el acto de aspirado implica disculpas, regalos y halagos, y generalmente se adapta a lo que es más importante para la víctima.

Hipervigilancia: Una tendencia de la víctima a mantener un 'ojo' nervioso y vigilante en el ambiente externo. Las 'reglas' narcisistas cambian constantemente, y la víctima nunca sabe qué es lo que le va a molestar. La respuesta de hipervigilancia (saltar a ruidos fuertes, etc...) indica que la víctima ha adaptado subconscientemente la hipervigilancia en sus esfuerzos por sobrevivir al entorno narcisista.

Disonancia Cognitiva (DisCog): Sostener una creencia o verdad específica y simultáneamente tomar acciones contra ella. Por ejemplo, si sostienes la creencia de que una pareja romántica debe ser cariñosa, respetuosa y amable, y tu pareja romántica es irrespetuosa, hiriente y mezquina, estás experimentando una disonancia cognitiva. La disonancia cognitiva se resuelve mediante:

1) Cambiando tu creencia.

2) Cambiando tu acción.

3) Cambiando tu percepción de la acción (racionalización).

Los esfuerzos para llenar el vacío de DisCog varían. Ejemplo de tales esfuerzos pueden ser adular a un abusador, sobreanalizar sus acciones o inacciones, o incluso hacer una llamada telefónica a tu psíquico. Nota: si la disonancia no puede ser resuelta, experimentarás un estrés mental que te puede conducir a una depresión clínica, ansiedad, e incluso a una crisis mental.

Los narcisistas instigan a propósito la DisCog y les encanta ver cuán lejos llega una víctima antes de quebrantarse. Esto les da enormes dosis de suministro narcisista.

Acto de Luz de Gas (Gaslighting): Una forma de manipulación mental usada para hacer que una víctima se cuestione a sí misma, su realidad, su memoria o su cordura. Acuñado a partir de la famosa obra de teatro de 1938 de Patrick Hamilton, **Gaslight** (Luz de gas), y sus posteriores versiones cinematográficas de 1940 y 1944, en las que un marido abusivo encubierto tortura psicológicamente a su esposa (entre otros actos torturantes) atenuando en secreto las lámparas de gas de la casa. Hoy en día, un abusador puede esconder el teléfono, la cartera, el monedero u otro objeto de su novia / esposa y luego afirmar que no tiene ni idea de dónde está cuando ella empieza a buscarlo frenéticamente. Un abusador puede elaborar creativamente en esfuerzos para hacer su 'acto de luz de gas' a una víctima, ya que esta técnica le proporciona enormes dosis de suministro narcisista.

Ensalada de Palabras: *Al igual que cuando se conduce un coche no siempre es necesario poner un mono en el maletero. Va mejor si significa que el sol brilla en tus zapatos por bailar uno.* Esta frase es un ejemplo de ensalada de palabras en el sentido clínico tradicional; suena como Español pero en realidad no tiene sentido. La ensalada de palabras es típica en los trastornos esquizofrénicos, los trastornos cerebrales y la demencia, y en tales casos, no es intencional. Los narcisistas, sin embargo, usan la ensalada de palabras deliberadamente, para confundir y controlar a sus víctimas. En el narcisismo, la ensalada de palabras a veces aparece como conversaciones circulares que no van a ninguna parte. Piensa en la 'ensalada de palabras' como una técnica de manipulación en cualquier comunicación narcisista que crea frustración, culpa, vergüenza, miedo, confusión, o disonancia cognitiva en la víctima.

Abuso Secundario: El abuso secundario ocurre cuando la víctima busca protección, ayuda u orientación de familiares o amigos; estos familiares y amigos luego niegan el punto de vista de la víctima, diciéndole que no está asumiendo la responsabilidad, que sólo siente lástima de sí misma/o y/o que se niega a ver el verdadero problema en su relación correctamente. En otras palabras, el familiar o amigo se pondrá del lado del narcisista y se negará a escuchar a la víctima, incluso se enfadará cuando la víctima siga intentando explicarse. Normalmente el abuso secundario ocurre porque el narcisista ya ha triangulado al miembro de la familia / amigo y ha contado su versión retorcida y manchada de la historia. Todo esto hace que la víctima cuestione su realidad objetiva y la realidad de la situación de abuso, y por lo tanto provoca una profunda desesperación.

Abuso Terciario: Incluso peor que el abuso secundario es el abuso terciario. Esto es cuando los terapeutas u otros profesionales de la salud mental / médica ignorantes se ponen del lado del narcisista mientras tratan a la víctima. Esto añade un nuevo nivel de victoria al abuso narcisista... y daño y devastación a la víctima.

Cambio de Culpa: Una astuta estratagema instigada y utilizada para cambiar el enfoque de cualquier argumento fuera del abusador, y desviarlo hacia la víctima. Uno de los muchos ejemplos en esta historia de cambio de culpa ocurre cuando Muchacho le dice a Troncón sobre el hundimiento del barco - que estaba hecho del tronco de Troncón-. Cuando ella se molesta y lo reprime, él rápidamente la culpa por crecer madera mala y porosa. Ella lo sorprende en una mentira: la madera porosa no se hundiría. Él afirma que ella "no puede dejar pasar nada" y le responde: "¿Quieres cerrar el pico y dejar de llamarme mentiroso?" Troncón entonces se enfoca a defenderse; la culpa se ha trasladado con éxito de Muchacho a ella. El cambio de culpa es lo que provoca en gran parte que la víctima nunca llegue a una resolución en cualquier discusión con un narcisista.

Esta lista no es de ninguna manera exhaustiva. Podría escribir una enciclopedia entera sobre el abuso narcisista y aún no conceptualizar completamente este complejo y peligroso fenómeno... un fenómeno que silenciosamente plaga la fibra moral de la humanidad. Sin embargo, esta lista de definiciones te da un conocimiento práctico del narcisismo para ayudarte a entender cómo puedes haber sido afectado/a en tu vida por el mismo. Es más que suficiente para ayudarte mientras te esfuerzas por recuperar tu sentido del yo y tu soberanía.

Desglosando la Locura

Advertencia: esta parte se vuelve un poco intensa. Lo que he hecho es desglosar la historia en pequeños fragmentos y discutir cada fragmento en términos de abuso narcisista. Este proceso puede enseñarte a reconocer y conceptualizar las maniobras, a veces extremadamente sutiles y confusas, del abuso narcisista (es probable que te hayas perdido al menos la mitad de ellas en esta historia). Dado que esta sección podría ser emocionalmente desencadenante para ti, como lo fue para mí el escribirla, lee a tu propio ritmo. Tal vez lee una página o una sección al día. Recuerda también, que lo que sea que salga a la superficie emocionalmente para ti, es para que hagas consciencia. Acude al terapeuta cuando lo necesites y, definitivamente, cuídate más a ti mismo/a. Evita otros factores estresantes si puedes. ¿De acuerdo? ¡Vamos!

The Giving Troncón (El Troncón Que Regala)

Incluso el título de este libro fue elegido con gran pensamiento. ¿Qué puede dar un Troncón? ¿No es obvio que ya ha dado demasiado?

"Eres un troncón muy duro", dijo Muchacho con desdén. Cambió su asiento, tratando de ponerse cómodo.

Nuestra historia comienza con Muchacho dando una declaración vergonzosa sobre un aspecto inalterable del aspecto físico de Troncón. Su insulto no estaba tanto en sus palabras, sino en su cambio de asiento, tratando de ponerse cómodo -mientras le decía: "Eres un Troncón muy duro"-. Bueno, caramba... ¡gracias, Capitán Obvio! Es un troncón de árbol, no un sillón. Si alguien señalase esta insensibilidad hacia Muchacho, él fingiría ignorancia y diría: "¿Cuál es el problema? Acabo de hacer un comentario inocente. ¡Caramba! ¡Alégrate!" (Minimizando, negando).

Troncón sintió que sus raíces temblaban con una disparidad familiar. Ella pensó en todas las formas posibles de hacerse más suave, pero no se puede ser tan suave cuando se es un troncón de árbol.

La vergüenza y la sensación de disparidad son reacciones comunes a los insultos pasivos y horribles expectativas del narcisista. La disparidad hace que la víctima entre en pánico, tratando de averiguar cómo 'cerrar la brecha' entre lo que se es o quien es (un troncón duro), y lo que el narcisista desea (un lugar blando para sentarse).

Trocón no tenía ramas y, por lo tanto, Muchacho no tenía hojas para usar de almohadas en su viejo y huesudo trasero, mientras se sentaba en ella, contemplando su miserable y jodida vida.

Debajo de sus personalidades manipuladoras, groseras y tóxicas, los narcisistas son miserables, solitarios y vacíos con vidas perpetuamente 'jodidas'.

Ella intentó pensar en cosas felices de las que hablar para distraerlo de su incomodidad.

A juzgar por su reacción de esfuerzos para consolar y apaciguar a Muchacho, es muy probable que Troncón haya sido criada en un ambiente hogareño emocional y/o físicamente inseguro con al menos un padre, reactivo, controlador, muy deprimido u otra figura adulta significativa. En un entorno hogareño de este tipo, el / la niño/a aprende a distraer, entretener, consolar y nutrir al volátil padre / madre para obtener su amor y aprobación y para satisfacer sus necesidades físicas y emocionales. Este/a niño/a se convertirá en un/a adulto/a que siente pánico o miedo si algún adulto a su alrededor se enfada o lo/a desaprueba. Él / Ella caerá en estos mismos patrones aduladores / placenteros cuando sea un/a adulto/a.

"Muchacho, ¿recuerdas cuando te dejé cortar mis manzanas para que las vendieras?, ¿Te hizo eso feliz?"

"¡¿Tus manzanas?!" Muchacho torció sus labios con asco. "¡Dios mío, no, Troncón! Sabes que no gané ni un centavo con esos sacos podridos y llenos de gusanos."

Los narcisistas explotan la bondad y los regalos de sus víctimas. Luego, más tarde, insultan esos mismos regalos, alegando que sus beneficios son débiles, inexistentes o incluso perjudiciales. O como vemos pronto, puede alegar que le hizo un favor al recibir dicho regalo.

El corazón de Troncón golpeó fuertemente y se detuvo. Estaba aturdida. ¿Qué decía Muchacho de sus manzanas preciosas y perfectas? ¿Estaban podridas? ¿Llenas de gusanos? ¡Increíble! "Mm... ¿Muchacho? Eh... tú estas equivocado. Mis manzanas no estaban ni podridas ni llenas de gusanos." Ella habló suave pero firmemente, como se le había enseñado en su entrenamiento de auto-afirmación.

Hablar y decir la verdad nunca es fácil para un co-dependiente. Esto se debe a que depende del estado de ánimo y la reacción de la otra persona para sentirse segura, querida y aceptada. Si ella lo molesta, sufrirá intensas consecuencias emocionales. Esto es el resultado de la necesidad de consentir a un padre tiránico u otra figura adulta durante la infancia y/o adolescencia.

"¡Claro que sí!" Muchacho ladró.

Las declaraciones de Muchacho son falsas y proporcionan una doble explosión a Troncón: 1) dolor por la pérdida de sus queridas manzanas, y 2) vergüenza por no valorar sus regalos. Algo muy querido para ella que regaló / sacrificó por él no es apreciado, sino despreciado y visto como una carga. Esta es una forma muy cruel (aunque común) de abuso mental usada por los narcisistas, y casi nunca es obvia para los demás.

Troncón saltó por la abrupta respuesta de Muchacho. Su corazón se estremeció. Ella estaba perpleja. Tal vez Muchacho sólo estaba confundido.

Las víctimas casi nunca entienden o creen que el abusador realmente las está abusando -o que está entregando a propósito una cuenta falsa para obtener un suministro narcisista-. Creer que un narcisista está 'simplemente confundido' o de alguna manera malinterpreta el asunto, o simplemente no está recordando el evento correcto, o recordando el evento correctamente -todos los 'aros' mentales por los que salta el cerebro de una víctima en un esfuerzo por dar sentido a las afirmaciones hirientes del narcisista es muy común para la víctima. Yo llamo a esto 'perseguir a los falsos demonios'. Cualquier discusión, argumento o contradicción es una broma que el narcisista disfrutará inmensamente, lo que le permitirá obtener un gran suministro narcisista de ella. Además, toma en cuenta que él nunca, nunca, JAMÁS cederá / aceptará, incluso si ella le presenta una amplia evidencia de que él está equivocado, y que ella tiene razón. Él ve cualquier desacuerdo de la víctima como luz verde para eliminar metafóricamente su resolución.

Ella sabía que sus manzanas eran perfectas y deliciosas. No se las habría dado a Muchacho si no lo fuesen.

El objetivo de Muchacho es que Troncón se divorcie del hecho de que sus manzanas son de excelente calidad, o al menos, que se calle sobre la verdad. Hace esto porque lo hace sentir casi como un dios y poderoso -ser capaz de manejar la realidad de otra persona-. Toma en cuenta: este tipo de comportamiento manipulador a propósito es indicativo de una grave patología mental.

Sus manzanas pequeñas le eran muy queridas. Se las había dado a Muchacho con la bondad de su corazón para que él supiera cuánto lo amaba. Durante todos estos años, lo único que la reconfortó por la pérdida de sus hermosas manzanas fue saber que Muchacho había ganado dinero vendiéndolas... a gente hambrienta que se alimentaba de su delicia.

Las víctimas a menudo se consuelan con interpretaciones de la realidad que sirven para recordarles su generosidad y virtud. Esto se debe a que el narcisista rara vez, si es que alguna vez, se presenta ante la víctima de esta manera... de una manera que una persona normal y sana se presentaría en una relación.

"Deberías estar agradecida de que te haya quitado esas terribles manzanas de las manos", dijo rotundamente.

Un narcisista convierte su acción abusiva o explotadora en un 'favor' que le hizo a la víctima.

"Ni siquiera deberían llamarse manzanas. Deberían llamarse 'espantos'. Muchacho rió sarcásticamente. "¿Entiendes? Porque estaban espantooosas!"

Hacer bromas y decir chistes a expensas de la víctima es algo común para los narcisistas.

Troncón no pudo responder por tratar de contener sus lágrimas. Esperaba que Muchacho no se diera cuenta de lo disgustada que estaba. Pero eso nunca funcionó.

Una víctima sabe que mostrar sus emociones la hace vulnerable a las críticas de un compañero abusivo. Por lo tanto, se esfuerza por mantenerse estoica y sin emociones en su presencia. Molestar a propósito a otra persona, especialmente a una persona amable y gentil, es desconcertante para los que no somos narcisistas. No queremos creer que otras personas sean capaces de este comportamiento. Pero, si tú has vivido un abuso como este, es probable que asientas al entender y reconocer estos patrones.

"¿Hooola?" Muchacho se burló. "¿Qué? ¿Ahora no vas a contestarme o reírte de mis chistes? ¡Qué grosera!"

Un narcisista raramente dejará pasar la oportunidad de retorcer el cuchillo. Seguirá con la misma broma hasta la muerte si eso significa que puede seguir molestando a su víctima. Y después encontrará alguna manera de culparla, lo cual es a menudo una proyección de su propio comportamiento. En este ejemplo, "¡Qué grosera!" es una proyección intencionada de Muchacho que añade otro nivel de manipulación a su abuso. ¿Qué crees que le diría a Troncón si ella le respondiera a él con: "Tú eres el que está siendo grosero al llamar a mis manzanas 'espantosas'?" Bueno, sería algo así como: "¡Oh, relájate! ¿Qué? ¿No puedes aceptar una broma?" Así que, como ves, hay un doble estándar constante que el narcisista ejerce como una herramienta metafórica de destrucción masiva.

Había cultivado sus manzanas desde pequeños brotes. Vivieron con ella durante toda una temporada. Las crió para que fueran manzanas bellas y sanas.

Cuando Muchacho las cortó, le estaba dando una parte muy querida de sí misma.

Aquí vemos la seguridad en Troncón de que **no está loca**.

Extrañamente, el mero hecho de pensar que sus manzanas estaban podridas y engusanadas le producía una profunda y paralizante vergüenza. Por lo tanto, defender sus manzanas era doloroso y desgarrador.

Los narcisistas son maestros en olfatear y explotar las heridas emocionales subconscientes de sus víctimas. Muchacho aquí insulta las manzanas de Troncón intencionalmente; sabe que le provocará una vergüenza paralizante. Esta vergüenza hace que sea muy fácil manipularla y obtener suministro narcisista. Es también por esto, que Troncón puede saber simultáneamente que sus manzanas eran de muy alta calidad y reaccionar a las acusaciones de Muchacho como si no lo hubiesen sido.

Troncón desesperadamente quería corregir la mala memoria de Muchacho acerca de sus manzanas. "Muchacho", le temblaba la voz, "mucha gente solía decirme que mis manzanas eran extremadamente deliciosas y jugosas. No entiendo por qué dirías..."

El hecho de que un narcisista esté siendo hiriente a propósito al hacer declaraciones descaradamente falsas, generalmente no se le ocurre a la víctima. En cambio, ella concluye que él está malinterpretando la situación o experimentando una falta de memoria. Lamentablemente, en lugar de atribuir su comportamiento incongruente a su enfermedad mental, ella gira en su propia vergüenza y frustración, tratando de encontrarle sentido... y al mismo tiempo, intenta que él vea la realidad.

"Sabes que toda esa gente te estaba mintiendo", Muchacho *la interrumpió. "Sentían lástima por ti porque, obviamente, eres un poco patética. Sabes que siempre te digo la verdad, aunque duela."*

Obviamente, Muchacho *le mintió a* Troncón *sobre que sus manzanas estaban podridas y engusanadas. Esta mentira está diseñada para provocar una vergüenza predecible en* Troncón *-ya que es mucho más fácil de manipularla mientras está en un estado emocional inducido por la vergüenza-. Para respaldar esta mentira, dijo otra mentira que la fabricó en un tercero ("toda esa gente te estaba mintiendo"). Luego, él proclamó que "siempre dice la verdad, aunque le duela". Por supuesto, esta declaración, en sí misma, es una completa mierda. La única pizca de VERDAD en su declaración es que DUELE."*

Los narcisistas hacen hechos de las mentiras con el propósito de frustrar y molestar a las víctimas. Los narcisistas 'ponen capas' de mentiras, para que aunque la víctima se ocupe en defender una, hay siete mentiras más en la 'vaina' verbal del narcisista que permanecerán sin explicación. Obsérvese también que cada mentira respalda la otra, creando una red imposible de frustración irresoluble para la víctima:

1) "No gané ni un centavo…" ¡MENTIRA! Sí ganó algo.

2) "...de esas podridas…" ¡MENTIRA! No estaban podridas.

3) "...sacos llenos de gusanos." ¡MENTIRA! No tenían gusanos.

4) "Toda esa gente te estaba mintiendo." ¡MENTIRA! Muchacho es el único que está mintiendo.

5) "Sentían lástima por ti." ¡MENTIRA! Esta declaración es para verificar su mentira de que sentían lástima por ella.

6) "Obviamente, eres un poco patética." ¡MENTIRA! No hay nada patético en Troncón... excepto las relaciones que ella escoge.

7) "Siempre te digo la verdad…" ¡MENTIRA! Muchacho nunca le dice la verdad. Su objetivo en esta relación es extraerle a Troncón su preciosa energía de fuerza vital -que la extrae de ella al revolverle su realidad,

metiéndosela por la garganta, y consiguiendo que ella se divorcie de su verdad-.

8) "...aunque duela." ¡MENTIRA! Muchacho sugiere aquí que es virtuoso y honesto. Nada en Muchacho es honesto. Nada en esta relación es justa. La ÚNICA verdad en la declaración de Muchacho es "duela".

Lo que Muchacho no le dijo a Troncón fue: que realmente hizo una matanza con sus manzanas. No era suficiente dinero para pagar sus enormes deudas de juegos de apuesta. Así que técnicamente, no estaba mintiendo. Además, sólo jugaba porque Troncón era fastidiosa y regañona. Él necesitaba distraerse de sus infernales quejas. Por lo tanto, obviamente, su deuda era toda la culpa de ella.

Debido a que Muchacho no ganó suficiente dinero con las manzanas de Troncón para pagar su deuda de juego (que nunca mencionó como la razón por la que necesitaba dinero en primer lugar), le causó estrés. Y debido a que su falso yo, es virtualmente incapaz de asumir ninguna responsabilidad por las acciones que le han causado (dicho) estrés, la responsabilidad de su estrés es 'proyectada' sobre el objetivo más cercano. Su racionalización de 'técnicamente, no estaba mintiendo' tiene PERFECTO sentido para el falso yo de Muchacho. Troncón ha sido voluntariamente el basurero de las proyecciones de Muchacho durante muchos años. Tomen en cuenta, lectores, que esta mentira y racionalización patológicas tienen perfecto sentido para Muchacho. Ni siquiera se da cuenta de que está mintiendo. Él no lo ve como deshonesto o dañino de ninguna manera.

Troncón no habló durante varios minutos. Estaba retorcida de angustia, tratando de darle sentido al ridículo relato de Muchacho sobre sus queridas *manzanas. ¿Cómo podía recordar que sus manzanas maduras y deliciosas estaban podridas y llenas de gusanos? ¿Y era ella realmente patética? ¿Toda esa gente le estaba en verdad mintiendo? ¡Nada de eso tenía sentido! Pero Muchacho... era su alma gemela. Nunca le mentiría...*

Aquí vemos a Troncón en un momento de disonancia cognitiva. Es por eso que ella está 'retorcida en la angustia'. Troncón sabe que sus manzanas eran excelentes, pero no quiere estar en desacuerdo con Muchacho o causar 'tensión' en la relación. Además, no quiere enfrentarse a la realidad de que Muchacho es capaz de mentir.

En la siguiente sección, observe cómo Troncón se divorcia de su propia verdad sobre sus manzanas para mantener la paz y apaciguar a Muchacho. Esto es muy importante, porque en el mismo proceso - divorciarse de su propia verdad- erosiona su autoestima y la hace esclava de la enfermedad mental de Muchacho.

Troncón finalmente decidió ser la persona adulta y madura y pasó esto por alto... y evitar cualquier otra discusión. Sabía que el mejor enfoque para este tonto malentendido era el amor y el perdón incondicional.

El amor y el perdón incondicionales son nociones populares en la mayoría de los grupos religiosos y espirituales. Sin embargo, cuando se trata de lidiar con narcisistas, este puede ser un enfoque psicológicamente peligroso. El 'perdón incondicional' normalmente se traduce en 'no responsabilidad' para el narcisista, y se le permite continuar con sus acciones abusivas sin prácticamente ninguna consecuencia. De hecho, es recompensado con la sumisión de su víctima y, como Drácula, se encarga de chupar su fuerza vital hasta dejarla seca. Nunca necesita mirar dentro de sí mismo, algo que sólo hacemos cuando estamos sufriendo. Ni siquiera tiene la oportunidad de sanar o transformar su patología -que se deriva de las heridas de la infancia que están causando su narcisismo en primer lugar-. Una oportunidad perdida para el narcisista -lo que permitirá y recompensará sus tendencias patológicas-, y una que es absolutamente mortal para la víctima.

Ahora, ¿significa esto que la víctima debe tomar acciones de venganza? No, por supuesto que no. Discutiremos el papel del perdón más adelante en el libro con más detalle. Por ahora, ten por sabido que el perdón y el permiso son dos cosas diferentes.

¡Estaba enamorada de Muchacho! Se necesitaban el uno al otro.

El 'amor' de Troncón por Muchacho es en realidad una necesidad emocional que surge de su profunda herida de la infancia. Presta atención aquí: esta disparidad es indicativa de una memoria emocional traumática que busca ser sanada y, energéticamente, es como un llamado a los narcisistas, que pueden oler las heridas emocionales como un tiburón huele la sangre en el agua. Como un camaleón, los narcisistas se transforman de tal forma experta con el propósito de 'camuflajearse' con los patrones emocionales de dolor de sus víctimas; pueden transformarse en el Príncipe Azul en un segundo, y ser quien él o quien la víctima quiera que sea. Él, por lo tanto, se 'engancha' a su herida emocional; ella se enamora 'locamente de él' y, una vez que se engancha a él y depende de su amor y aprobación, él revela su maldad y comienza su fase de devaluación.

La memoria emocional es un tema complicado que necesita más atención de la que puedo darle en este libro. Para aprender más sobre ello, lee mi libro, Tapping into Love (Tocando el Amor), que trata sobre el impacto de la memoria emocional tanto en las relaciones románticas como en la visión general de la vida de uno.

¡Sabía que él estaría muy perdido sin ella! Muchacho había sufrido una infancia terrible, por eso se comportaba así.

El hacer excusas por el maltrato dañino del narcisista, evidencía la disonancia cognitiva que se crea a partir del mismo maltrato. Culpar la infancia del narcisista es una noción popular que en realidad es 1000% acertada: generalmente, los narcisistas se hacen, no nacen. Los padres dominantes y déspotas que también son demasiado cariñosos, pero emocionalmente ausentes, hacen que su hijo/a desarrolle un desorden de personalidad narcisista, o al menos, matices de narcisismo. ¡SIN EMBARGO! Una mala infancia no es excusa o razón para que una víctima tolere el maltrato. Si nadie hace responsable al narcisista, nunca, nunca podrá enfrentarse a los problemas de la infancia, y su vida será un completo desperdicio. No tendrá oportunidad de romper su formidable ego, para acceder a su asustado, perdido y sufrido niño interior.

Ella sabía que se había metido en su vida para ayudarle a romper los muros que había construido alrededor de su corazón. No podía dejar que esta mezquindad se interpusiera en su misión de rescatarlo de sí mismo.

Aquí Troncón le resta importancia al comportamiento abusivo de Muchacho al ponerlo como 'mezquindad'. Si Troncón realmente quisiese ayudar a Muchacho a destruir los muros que había construido alrededor de su corazón, ella no sería condescendiente con él, no permitiría su maltrato, ni le tiraría un manto de perdón cada vez que se comportara mal.

Además, nunca es apropiado el proclamarse como el héroe de la historia de la vida de otra persona. El hecho de que Troncón tenga como su 'misión' rescatar a Muchacho de sí mismo no viene del amor, sino del profundo miedo a que no él no 'pueda ser rescatado' - sea lo que eso signifique -. Es mucho más poderoso y saludable reconocer que Muchacho apareció en su vida para mostrarle a ella sus propias heridas internas, para que ella tenga la oportunidad de sanarlas. Mantener su enfoque en Muchacho es enormemente contraproducente en todos los niveles -para ambos-.

"Te cultivaría más manzanas, Muchacho", dijo Troncón con cariño. "Mejores y más deliciosas manzanas. Pero... ¿recuerdas? Te di mis ramas para que construyeras una casa."

Troncón continúa en sus esfuerzos por distraer a Muchacho... y recordarle suavemente su desinteresado y amoroso acto de darle sus ramas. ¿A Muchacho le importa? ¿Hace que la aprecie más? ¡Absolutamente NO! Sólo le da más munición para conseguir suministro narcisista.

Muchacho le dio a Troncón una mirada de indiferencia. Volvió a poner su mirada en el suelo. "Dios, me duele el trasero".

Aquí Muchacho utiliza la indiferencia (el polo opuesto al amor) y la distracción; regresa a su línea original de hacer que Troncón se avergüenza porque el trasero le duele (a él) -dando a entender que Troncón es demasiado dura-, y da a conocer su disgusto con ella. El reconocimiento de su generosidad y regalos para él, algo que él sabe que es importante para ella, nunca llegará.

"Háblame de tu casa, Muchacho..." dijo Troncón, tratando de distraerlo de nuevo de su incómodo asiento.

Tristemente, los esfuerzos de Troncón por complacerlo continúan.

"¡¿Ay, Dios, Para qué?! Sabes que una tormenta se llevó esas ramas de mierda desde hace mucho tiempo. Tu madera era porosa y débil. Debí haber sabido que me darías madera mala para construir mi casa."

Más mentiras, más proyección... y otro golpe devastador... afirmando que la madera de Troncón era débil y porosa, y que esta fue la razón por la que su casa fue destruida en la tormenta. ¡Por supuesto que no fue su culpa! Para asegurarse de que está lo suficientemente distraída de cualquier posible refutación contra sus evidentes falsedades, Muchacho inmediatamente lanza otra puñalada con sus acusaciones. "Debería haber sabido que me darías madera mala para construir mi casa." Obviamente, esto sugiere un precedente o historia de haber sido decepcionado por Troncón -que no lo ha sido- excepto en sus propias proyecciones patológicas. Su declaración tiene el potencial de hacer que Troncón entre en pánico mental y hacer un inventario mental fanático de cada interacción que ha tenido con Muchacho para ver si ALGUNA COSA que haya hecho o dicho pudo haber sido interpretada como intencionalmente dañina para Muchacho. Note, sin embargo, que ella no se lo cree. Todavía.

"¡¿Qué? ¿Mis ramas?!" Troncón gritó con horror.

"¡Ay, mujer, otra vez! Siempre tienes que estar regañándome por algo."

Desviación: Culpar a Troncón por regañarlo lo pone a él fuera de cualquier culpa. Sin embargo, al principio no funciona. Pero sigue intentando.

"¡Pero esas eran mis ramas, Muchacho! ¡Las necesitaba para hacer hojas y manzanas!"

"¡¿Entonces por qué me las diste?!"

"¡Porque necesitabas una casa! ¡Y te amo, Muchacho!"

"¡Pues no actúas como tal!" Muchacho respondido.

Desviación, ensalada de palabras.

"¿No entiendes? Perdí mi casa. Me convertí en un vagabundo. Porque tus ramas eran terribles, y tú lo sabías. Querías deshacerte de ellas y las descargaste en mí."

Esta discusión circular impide que los sentimientos de Troncón sean escuchados o reconocidos y es la forma más cruel de abuso. No hay esperanza aquí; Muchacho nunca confesará la verdad, porque admitir cualquier cantidad de culpa sería insoportable para su falso yo. La excepción sería, por supuesto, si Troncón lo dejase y siguiese adelante con su vida. Entonces él volvería a ella arrastrándose con el rabo entre las patas, disculpándose y pidiéndole otra oportunidad. La facilidad con la que Troncón ceda al acto de aspirado (hoovering), dictará la rapidez con la que él vuelva a ponerse su sombrero de *mamón*. No se trata de si... sino de cuándo se volverá a poner el sombrero de *mamón*.

Troncón estaba totalmente incrédula al escuchar todo esto. ¿Descargarlas en él? ¿Cómo puede decir eso? Sus ramas fueron un gran regalo para Muchacho. Las extrañaba muchísimo. Su vida se había vuelto agotadora desde que se las dio. Ya no tenía hojas para absorber el sol, producir clorofila, cambiar de color en otoño o bailar con el viento de verano. Era algo horrible ser un árbol sin hojas. O ramas. Lo único que le daba consuelo era saber que Muchacho había construido con ellas una casa hermosa y robusta y estaba disfrutando de las comodidades de su propio hogar, construido con la magnífica madera que ella le dio con tanto amor.

Muchacho sabe que para Troncón es importante que él reconozca su generosidad y desinterés. Pero él nunca lo haría -a menos que estuviese tratando de obtener algo más de ella-. A este punto, Muchacho ve a Troncón como prácticamente sin valor, así que NO tiene rienda en su maltrato hacia ella.

Muchacho efectivamente rompe en pedazos este 'consuelo' de Troncón, y le hace saber que su precioso regalo para él de todas sus ramas fue absolutamente desperdiciado. Sin remordimientos, sin disculpas, sin reconocimiento de lo doloroso que sería para ella... sólo culpándola y avergonzándola por su propia irresponsabilidad (de él).

Sí, así es como los narcisistas se comportan, piensan y conducen sus vidas.

"Tuve que mudarme al sótano de mis padres después de que se cayó." Muchacho murmuró. "Ojalá no me hubieras recordado tan terrible acontecimiento, Troncón."

Debido a la refutación e incredulidad de Troncón, Muchacho sube la apuesta con acusaciones y tácticas vergonzosas. Por supuesto, ella NO sacó a relucir el doloroso recuerdo de Muchacho de haber necesitado mudarse al sótano de sus padres. De hecho, esta es la primera vez que ella le ha oído hablar de ello. Como el mudarse al sótano de sus padres trajo consigo su propia frustración y vergüenza, necesitaba proyectarla en otro lugar que no fuese sobre sí mismo. Culpar a Troncón sirve doblemente, ya que también le da enormes y deliciosas cucharadas de suministro narcisista.

Troncón, de nuevo, se sintió profundamente avergonzada, aunque sabía que Muchacho no recordaba la verdad sobre su madera. ¡Ella no le 'descargó' nada a él! Él le había preguntado a ella, totalmente desesperado, si podía darle una casa. Ella no tenía casa, pero generosamente le ofreció sus ramas para que él pudiese construir una. ¿Cómo es que Muchacho no recordaba nada de esto correctamente? Además, él nunca le había dicho que su casa se había caído, o la necesidad de mudarse al sótano de sus padres. Entonces, ¿cómo podía ella saber que no debía preguntarle acerca de la casa?

Nota aquí la complejidad del engaño, manipulación y culpa. La mayoría de las víctimas 'lo dejarán pasar' porque es demasiado esfuerzo desenredar la locura; han aprendido que el acusador nunca cederá / aceptará de todos modos. Enfrentarse a él o intentar corregir su percepción errónea sólo conduce a más frustración, más abuso y más discusiones locas. Así que lo dejan pasar. Así es como los narcisistas son capaces de continuar con sus patrones de abuso; nunca necesitan enfrentar ninguna consecuencia.

Muchacho continuó. "Hablas mucho, Troncón. Pero todo lo que haces es encajar el cuchillo con tu '¡ay, ho Muchacho! ¡Esas eran mis ramas!' ¿Por qué me dices esto, Troncón? Esa era mi casa." La voz de Muchacho se quebró con emoción, una habilidad que había sido capaz de perfeccionar a lo largo de los años. Engañar a Troncón para que creyera que era ella la que estaba siendo insensible, ganaría este argumento. ¡Y así fue! Funcionó. Troncón instantáneamente se sintió como una mierda, y no contradijo más a Muchacho.

Troncón se sintió fatal por entristecer a Muchacho. ¿Tal vez ella realmente estaba siendo egoísta?

La vergüenza de Troncón parece no tener sentido: si ella sabe que él está mintiendo, ¿por qué se sentiría avergonzada? Recuerda que las heridas de la memoria emocional se desencadenan -y las reacciones a menudo no tienen sentido-.

Obviamente él estaba sensible por la caída de su casa. ¿Quién no lo estaría? Tal vez por eso la culpaba de haberle dado madera mala. Pero... ¡caramba! ¡Esto era totalmente absurdo! Ella sabía que su madera era de excelente calidad. Se recordó a sí misma que Muchacho tuvo una infancia difícil y necesitaba ayudarlo. Después de todo, él era su alma gemela. Tenían una conexión a nivel espiritual muy poderosa. A pesar de cómo actuaba, ella sabía que él también la amaba. Ella simplemente lo sabía.

Más disonancia cognitiva... más racionalización para intentar cerrar la brecha cada vez mayor entre sus creencias y las crueles falsedades que Muchacho estaba presentando. La 'conexión de sus almas' que Muchacho se niega a reconocer no se basa en el alma, sino en su herida emocional (de ella) no reconocida.

Troncón sabía que su única opción era perdonarlo y pasar por alto este malentendido. Realmente no era para tanto... ¿cierto?

¡INCORRECTO! ¡Oh, Dios mío, querida Troncón! Esto SÍ es para tanto. Muchacho estaba mintiendo, insultando y manipulando a Troncón. Su (de ella) consentimiento y conformidad recompensaban el ego de Muchacho por estos comportamientos destructivos y dañinos, que sólo aumentan la probabilidad de que vuelvan a ocurrir.

Cuando se calmó y fue capaz de tragarse su verdad a un nivel manejable, habló. "¡Muchacho, me preocupo tanto por ti! Por favor, perdóname por no haberte dado buena madera."

Ay ay ay! ¡Ahí está! Muchacho gana. Muchacho se alimenta. Muchacho conquista. Esta es una de las líneas más trágicas de toda la historia. Ella 'se traga su verdad a un nivel manejable'... y luego le pide perdón. Con una persona normal que entiende que el perdón es un flujo y reflujo natural en una relación (menos el hecho de que Troncón estaba asumiendo la culpa de algo que no era realmente su culpa) esto estaría bien, y dos adultos saludables discutirían el asunto de una manera respetuosa y mutuamente beneficiosa. Pero... ¿decirle esto a un narcisista? Es extremadamente contraproducente, dañino y le da consentimiento. El perdón es devastador para la psique de la víctima, y glorifica y le da permiso al narcisista. Muchacho, por cierto, piensa que Troncón es una débil mental e idiota por sus patéticos intentos de mantener la paz en la relación.

Muchacho se encogió de hombros. "No te preocupes por eso. Está en el pasado."

Muchacho no sólo NO demuestra ninguna gratitud por el acto increíblemente generoso de Troncón de darle sus ramas, sino que se niega a reconocer sus horribles acusaciones. Deja que Troncón cargue con toda la culpa, y luego se pone la gorra de 'buen chico' diciéndole: "No te preocupes por eso. Está en el pasado". Entonces... ¿qué verdad se tragó Troncón aquí? Toda la culpa. ¿Quién sufre? ¿A quién se le ha dado luz verde para continuar con sus comportamientos abusivos? ¿Esto es útil en última instancia? ¿Amoroso? ¿Un acto que Cristo haría? ¿Es la emoción, detrás de la pasividad de Troncón, amor verdadero? ¿O un miedo profundo?

Aunque él nunca, NUNCA lo admitiría, Muchacho sabía absolutamente que la madera de Troncón era extremadamente robusta y fuerte. De hecho, en ese momento, Muchacho no podía creer su buena fortuna... ¡que Árbol le diera todas sus ramas!

Los narcisistas ven las oportunidades de explotar a otros como 'buena fortuna'.

¡Especialmente después de haberse comportado tan grosero con ella! Después de que ella le diera todas sus manzanas, él la dejó sin ninguna explicación. ¡Eso fue muy divertido!

Este es un ejemplo de acto fantasma. El acto fantasma se supone que envía a la víctima al pánico y permite al narcisista obtener grandes cantidades de suministro narcisista (también conocido como: ¡aumento del ego!).

Ella siguió llamándolo y siendo muy dulce... tratando de averiguar qué había ella hecho mal.

Muchacho disfruta y se alimenta de la atención y la desesperación de Troncón.

Por supuesto, él nunca le dio ninguna explicación de por qué ya no iba a verla. Esto la hizo enloquecer y desesperarse. *Bostezo predecible*

¡Su desesperación fue útil! ¡Él fue capaz de quitarle las ramas a cambio de nada!

Los narcisistas son oportunistas por naturaleza; no ven nada malo en manipular deliberadamente a otros para explotarlos. No tienen ninguna consciencia de culpa en lo absoluto. La única vez que lloran o se disculpan es si son atrapados haciendo algo ilegal o saben que están en graves problemas.

Por supuesto, su impresionante apariencia tuvo algo que ver con eso. Las mujeres no podían resistirse a él, y él lo sabía.

Los narcisistas suelen creer que tienen una apariencia, inteligencia, talentos, y moralidad superiores, dones espirituales , etc... y son, por lo tanto, mejores que otros. Esto les da permiso para explotar a los demás.

¡Las mujeres no podían resistirse a él! Esta chica, Troncón, estaba tan desesperada por su aprobación que haría CUALQUIER cosa para conseguirla.

Mientras Troncón atesora esta relación, en la mente de Muchacho, Troncón se reduce a ser simplemente 'esta chica'.

Obviamente, Muchacho hubiese sido un tonto si no hubiese aprovechado esta oportunidad.

Los narcisistas ven a otras personas como mercancías desechables. Aquí hay otro vistazo a la naturaleza oportunista y parasitaria de Muchacho, y a sus racionalizaciones para tratar a Troncón así de esta cruel manera.

El verdadero problema de la construcción de la casa de Muchacho era que él no sabía realmente lo que estaba haciendo. Obviamente era demasiado listo para seguir todas las instrucciones tontas. Una vez que terminó, su casa parecía construida por una banda de monos que habían escapado de las garras de un vigilante maniático de un zoológico... y se topó al azar con una pila de troncos, un frasco de mantequilla de maní y un martillo.

El narcisista nunca quiere (o siente la necesidad) de seguir instrucciones. Cree que puede encontrar una mejor manera… porque cree que es más inteligente que otros humanos, y que puede resolver las cosas por sí mismo.

En defensa de Muchacho, él se había quedado sin clavos a mitad de la construcción de su casa. Debido a que la mujer de madera le molestaba mientras cortaba sus ramas, terminó gastando todo su dinero en apuestas esa noche.

Siempre evadiendo responsabilidades, Muchacho proyecta su patológico hábito de juego de apuesta en la siempre generosa y amorosa Troncón.

Por lo tanto, no tenía dinero para comprar más clavos. Terminó usando crema de maní e hilo para papalotes para amarrar el resto de las ramas. Él ingeniosamente puso un desatascador de inodoros como soporte de la pared oeste. ¡Funcionó muy bien! ¡Direcciones mi cola! Abrió una cerveza y dio un paso atrás para admirar su trabajo.

Creer en sus propios delirios, especialmente en lo que se refiere a su inteligencia estelar, habilidades y logros, es común para un narcisista. Aquí, Muchacho se convence a sí mismo de que hizo un gran trabajo construyendo su casa mal construida. Cuando las consecuencias inevitablemente llegan, son fácilmente desviadas hacia otros.

La única manera en que un narcisista puede ser quebrantado y sanado de su estado de zombi es a través de la humildad radical -que sólo puede suceder con la ruptura de su ego- esto quiere decir, una ruptura psicológica del niño perdido y aterrorizado que se esconde detrás de su máscara. Tal ruptura casi nunca ocurre; hay demasiados empáticos / co-dependientes en el mundo que voluntariamente intervienen e intentan arreglar al narcisista... lo cual hacen debido a su propio dolor de la infancia no reconocido. Mientras un narcisista tenga a alguien alimentando su ego, diciéndole que es maravilloso, y llenándolo de atenciones, nunca tendrá la oportunidad de romper con su falsa existencia. Por cierto, los narcisistas están extremadamente deprimidos en realidad porque no tienen acceso a su sentido del yo. Los empáticos pueden estar deprimidos, pero ellos sí tienen acceso a su (aunque a menudo golpeado y roto) sentido del yo. Esta es una razón por la que los empáticos se sienten tan atraídos por las profesiones / enseñanzas espirituales y de sanación. Están siempre buscando sanar lo que intuitivamente saben que está roto en su interior. Lamentablemente, sin consciencia del abuso narcisista, cualquier avance que hagan en su viaje de sanación, a menudo es absorbido rápidamente por el voraz agujero negro del narcisista.

Lamentablemente, usando toda su crema de maní y el desatascador para estabilizar su casa, temporalmente pondría un freno a sus juegos de cama con Stella.

Los narcisistas a veces obligan a las víctimas a hacer cosas realmente raras en la cama. Esto es para controlar; cuando la víctima cede, es excitante para el narcisista, y enormemente devastador para la víctima. Ella cree que está siendo de mente abierta y dándole lo que él quiere, pero en realidad, está renunciando a su respeto propio, lo que por supuesto, le da suministro narcisista.

Sin embargo, tenía la intención de comprar clavos al día siguiente para poder terminar el trabajo correctamente.

¡Sí claro! Al menos esto es lo que se dice a sí mismo. No todos los narcisistas son perezosos. Muchos son extremadamente trabajadores y tienen un cuidado increíble en su apariencia y estilo de vida. Sin embargo, todos demuestran una incapacidad de asumir la responsabilidad de su propio comportamiento.

Es imposible encarnar todos los 'sabores' del narcisismo en una sola historia. Lo que quiero que veas aquí es la forma en que los narcisistas desvían la responsabilidad, manipulan sin piedad y explotan a otros, y demuestran patrones de pensamiento disfuncionales y sub-humanos -como se evidencia en la forma en que conducen sus vidas-.

Luego... como que se olvidó del asunto de los clavos. Un par de semanas más tarde, una fuerte tormenta llegó y arrasó con su casa. ¡Hijo de puta! ¡Maldito sea ese árbol quejumbroso y su estúpida madera de mierda! Tristemente, también su desatascador fue arrastrado por la lluvia torrencial ese día fatídico. ¡¡MALDÍTA SEA!!

Pooobre Booooyyyyy...

Troncón se sintió mal porque Muchacho había perdido su casa. Aunque era terriblemente angustioso que Muchacho no recordara su madera como de alta calidad y fuerte, sintió su dolor. Ella trató de hablar gentilmente acerca del tema, esperando que Muchacho se suavizara un poco y recordara la la verdad sobre sus ramas... ¡cuánto amor incondicional le había mostrado al dárselas! Seguramente él lo vería. Ahora mismo, más que nada, necesitaba saber que era amado. "Muchacho, sabes que me tomó más de 25 años hacer crecer lentamente mi madera..."

Troncón todavía no 'entiende' la dedicación neurótica de Muchacho a su caída (de ella). No hay manera de conseguir que él admita la verdad sobre este asunto -o cualquier cosa que apunte a su propia irresponsabilidad-. Es un viaje estúpido el enfrentarse al narcisista en un esfuerzo por 'ganar', o hacer que vea la lógica. Nunca sucederá. Es mucho mejor conjeturar la situación con conocimiento, hechos y realidad. Esa narrativa (silenciosa) sonará algo como: "Estoy tratando con un narcisista y su falso yo. No hay esperanza aquí. Necesito aceptarlo radicalmente y a esta situación que se traga mi verdad, y que me hace caminar sobre cáscaras de huevo para mantener la ilusión de paz... o necesito reconocerlo como una persona disfuncional y mentalmente distrófica. Si elijo la verdad, debo estar dispuesta a ir a mi interior para sanar lo que sea que esté en mí y que me mantiene atrapada en esta relación imposible. Si acepto radicalmente su comportamiento y sigo sacrificando mi bienestar y mi alma, ¿vale la pena? Si es así, ¿por qué? Si no, ¿qué voy a hacer al respecto?" Aunque no tengas todas las respuestas a estas difíciles preguntas, el objetivo de esta narración es conseguir que tu cerebro empiece a construir neuronas que apoyen la verdad, no que la ignore mientras apoya las mentiras y la disfunción de tu abusador.

"¡Dije que no te preocupes por eso! Muchacho dijo bruscamente. Obviamente, le estaba haciendo un gran favor a Troncón al pasar esto por alto. (Qué tipo... Qué tipo...)

Así es realmente como Muchacho lo ve. Como empáticos, no queremos creer que él se esté comportando así a propósito. Pero de hecho, sí lo está.

Troncón suspiró y se quedó en silencio. Intencionalmente, había hecho crecer su madera lentamente, alimentándose de la Madre Tierra y el sol... durante la mayor parte de un cuarto de siglo para hacerla crecer muy fuerte. Pero Muchacho nunca lo vería ni escucharía razones. Sólo veía las cosas desde su punto de vista, que normalmente estaba desviado de alguna manera para hacer ver mal a Troncón.

¿Tal vez a Troncón se le pasó algo por alto? ¿Tal vez su madera era realmente porosa y débil? Ella no debería ser tan arrogante como para pensar que era de alta calidad y fuerte.

Mientras que esta premisa central de auto-reflexión es de oro, ella está enfocada en la cosa equivocada. En lugar de tratar de convencerse a sí misma de una falsedad (en este caso, ella cuestionando la calidad de su madera y luego castigándose a sí misma por ser 'arrogante' al respecto), lo que necesita hacer es preguntarse a sí misma: "¿Por qué permito que esta persona deshonesta y destructiva esté en mi vida? ¿Qué vieja herida de la infancia dentro de mí reconoce y resuena con esta misma injusticia y disfunción?"

Ella, también dejaría pasar esta conversación, por su amor... y la devoción a Muchacho, y su compromiso de ser una buena persona. Después de unos minutos, volvió a hablar, esperando cambiar el estado de ánimo a uno más alegre. Sabía exactamente qué decir. "Oye... ¿Muchacho? Mi madera era porosa, pero con mi tronco de seguro construiste un barco fino y flotante. ¿Verdad?"

Troncón sigue buscando desesperadamente la aprobación de Muchacho y que le demuestre cuánto vale ella para él. Cuidado con que esta energía que juega a favor del narcisista y prácticamente le ruega que abuse de ti.

"¡Jesús! ¡Maldición, no, Troncón! Ese fue en realidad el peor barco de la historia. Lo esculpí y lijé perfectamente, por supuesto. Pero tu tronco era débil y lleno de bolsas de aire. Tratamos de navegar a una isla

Su inclusión de la palabra 'nosotros' aquí parecía accidental, pero fue, con toda probabilidad, intencionada y destinada para hacer que

Troncón lo cuestione, "¿Qué quieres decir con 'nosotros'? ¿Es otra mujer?" etc...

y chocó contra una roca mellada e hizo un agujero. Debiste haberme dicho que tu madera no era tan fuerte como para hacer un barco de casco delgado."

¿Quién sabe si algo de esto es realmente cierto? Como ya hemos visto en Muchacho, la verdad es irrelevante. Y también extrañamente relevante, porque su falso yo cree de todo corazón lo que dice. Su lema es: si le sirve (a su falso yo), es verdad.

Ahora, el barco podría estar puesto en su cobertizo o atracado en un puerto por lo que sabemos. Su objetivo aquí es dañar y destruir a Troncón por la pura emoción de hacerlo para obtener suministro narcisista -que proviene de su alma (de ella)-. Debido a que el regalo de su tronco era invaluable e irremplazable, fue el robo perfecto para su despiadado abuso. No le des a los narcisistas cosas preciosas tuyas: las destruirán o explotarán, trivializarán su valor y tus (extremadamente válidos) sentimientos de pérdida, y luego se darán la vuelta y te culparán por todo. El maltrato de su tronco por parte de Muchacho y culparla a ella por cultivar madera mala (otra vez) son dos declaraciones perjudiciales separadas pero intrincadamente conectadas. Obviamente, no aguantaremos la respiración para que Muchacho se dé cuenta de cualquier error de su parte, ahora o en el futuro.

"¡¿Qué?!" Troncón sintió como si una roca afilada acabase de atravesar su corazón. En cierto modo, así fue. "¡¿Qué? Mi... tu... mi... tu... barco se hundió?!" Apenas podía expresar sus pensamientos en revuelta, mientras intentaba frenéticamente procesar mentalmente lo que le había sucedido a su precioso y perfecto tronco. Sintió como si hubiera sido golpeada

en el corazón por un gorila. Intentó, pero no pudo contener sus lágrimas. Sollozaba suavemente mientras hablaba, "¡Ese era mi único tronco, Muchacho!"

"¿No entiendes que te lo di con la bondad de mi corazón?" Muchacho permaneció en silencio. No tenía ninguna expresión en su rostro, salvo una leve sonrisa en sus ojos. "¿Por qué no me dijiste nada de esto cuando ocurrió, Muchacho? Creo que merecía saber qué le pasó a mi tronco..."

"¡Dios! ¡Deja de gritar!" Muchacho dijo con desprecio.

¿Qué... qué? ¡Ella no estaba gritando! ¿De qué está él hablando? "¿Qué? ¡No estoy gritando, Muchacho!" Troncón levantó la voz, pero aún así no gritaba.

Troncón no estaba gritando. Ella (comprensiblemente) levantó la voz y estaba 'reclamándole'. "¡Deja de gritar!" es una simple técnica de desviación. Muchacho la usa aquí porque Troncón le está reclamando. Como no puede asumir ninguna responsabilidad, debe desviarla. Decirle a Troncón "¡Deja de gritar!" interrumpe su patrón de pensamiento y la distrae de defenderse. Esta es una técnica de desviación muy común, demasiado común. Esto se convierte ahora en el centro de la conversación, dándole a Muchacho un minuto para pensar en una forma de evitar que Troncón vuelva a preguntarle acerca de su tronco.

"¡¿Estás gritando mientras dices que no estás gritando?!" Muchacho afirmó desdeñosamente.

"¡Ahora hablo más alto porque me acusas de algo que no estoy haciendo!"

"¡Hablar más fuerte es gritar!" Gritó Muchacho. "Me acusas de todo tipo de mierda, pero tú no puedes aceptar la tuya.

La discusión circular de desviación perdura, dejando a Troncón abrumada, frustrada y completamente invalidada. Para el empático inconsciente, este tipo de locura podría consumir toda su vida!

¿Cómo puede tener sentido eso, Troncón?"

Bueno, no tiene sentido, Muchacho. Pero no por Troncón, sino por ti.

Troncón no podía soportar más esto. ¡Muchacho se negó a escucharla y la culpó de todo! Ella decidió callarse mejor, porque todo lo que decía sólo empeoraba las cosas.

¡Pero ella amaba a Muchacho! ¡Necesitaba resolver esto! Si él la escuchara por un minuto y dejara de hacer suposiciones tan ridículas...

Muchacho sabe que la pérdida del barco es devastadora para Troncón. Como no valora sus sentimientos, no le importa y, de hecho, los ve como una debilidad, rogando ser explotados. El lema de Muchacho es: **hiere-minimiza-niega-culpa-repite**. Nota: si vas a perdonar a un narcisista, no lo hagas en persona. Te recomiendo que veas a un/a terapeuta que sea especializado/a en la recuperación del abuso narcisista. La *silla vacía*, escribir y quemar (o tirar) cartas, TLE (Técnica de Liberación Emocional) y el perdón a través de la oración son técnicas efectivas que puedes usar sin comprometer el ego del narcisista. Cualquier perdón que le ofrezcas en persona será visto como estupidez y debilidad e inmediatamente explotado.

"Jesucristo. Si quieres saberlo, no te dije que tu tronco se había hundido porque no quería que te sintieras culpable por poner nuestras vidas en peligro. Sabes, es tu responsabilidad advertir a la gente si tu madera es de baja calidad. Pero en cambio, me la vendiste como un vendedor de aceite de serpiente."

Muchacho convierte el regalo de amor de Troncón en una insinuación de maldad por parte de ella. Estos giros y golpes son imposibles de desenredar para la víctima porque están diseñados para inducir una profunda confusión. Deconstruyamos esta frase podrida de Muchacho:

1) *"No te dije que tu tronco se había hundido porque no quería que te sintieras culpable."* -Mentira. No hay razón alguna para que Troncón se sintiese culpable. Esto nunca estuvo ni remotamente en su mente... hasta ahora.

2) *"... por poner nuestras vidas en peligro".* -Troncón no puso la vida de nadie en peligro, excepto la suya propia, al darle a Muchacho el tronco de su vida. Observa cómo él tuerce sus propios comportamientos culpables y los proyecta en ella.

3) *"... Pero sabes, es tu responsabilidad..."* -Insinuando que Troncón es irresponsable. Obviamente, Muchacho es el único irresponsable. Una vez más, proyecta su inadecuación sobre ella.

4) *"... advertir a la gente..."* -No necesitaba advertirle a nadie, porque su madera era de alta calidad, y la destrucción de su tronco no fue su culpa.

5) *"... si tu madera es de baja calidad."* No era de baja calidad. Además, era un REGALO. Esta pieza también se pierde en la traducción narcisista de Muchacho como una forma de hacer saber a Troncón que su 'regalo' no fue apreciado ni en lo más mínimo.

6) *"En cambio, me lo vendiste…"* Esto insinúa que Troncón le empujó a que él aceptase su tronco… y de alguna manera ella así beneficiarse al dárselo. La ÚNICA cosa que ella obtuvo (antes de esta discusión) fue el sentimiento agradable que viene de hacer algo amoroso por otra persona.

7) *"...como un vendedor de aceite de serpiente."* Insinúa que Troncón no es de confianza y es egoísta, confabuladora y furtiva. Obviamente, ella no es ninguna de estas cosas. ¿Pero Muchacho? Muchacho es TODAS estas cosas. ¡Proyección, proyección, proyección! Cuando un regalo no es apreciado, e incluso pisoteado, podemos mirar el pasaje de *'perlas a los cerdos'* en la biblia para entenderlo:

*"**No arrojes tus perlas a los cerdos, o las pisotearán bajo sus pies, y se darán la vuelta y te destrozarán en pedazos." - Mateo 7:6***

Troncón le regaló perlas (proverbiales) a un cerdo (alias: un narcisista) que las pisoteó y se dio la vuelta y la destrozó en pedazos.

"¡¿De qué diablos estás hablando?!" La tristeza de Troncón se convirtió en furia. "¡TE DI MI MADERA COMO REGALO!" Ahora, Troncón sí estaba gritando... para deleite de Muchacho. "¡Para que pudieras alejarte de todos tus problemas! ¡No te he vendido nada!

Aquí vemos que Troncón comienza a tener una crisis mental -debido a la cada vez más amplia brecha de disonancia cognitiva-. Lamentablemente, este devastador estado emocional y mental de la víctima es en realidad muy beneficioso para los actos de explotación del narcisista. Su estado emocional y mental indica que él le ha provocado con éxito una profunda confusión, desesperación y desesperanza. Muchacho disfruta en secreto de la crisis de Troncón. Desafortunadamente, su provocación continúa:

"¡Dios! ¡Tranquilízate ya! Siempre te pones muy dramática por nada."

Aquí, él lanza otras tres declaraciones falsas y perjudiciales...

1) ¡Tranquilízate ya!

2) Siempre te pones tan dramática

3) por nada.

"¡Esto no es 'nada', Muchacho! ¿Me estás diciendo que mi tronco no era nada? ¡Ni siquiera estás agradecido por ello! ¿Y ahora dices que debería sentirme culpable por dártelo? ¿Y que es de alguna manera mi culpa que casi te ahogues, cuando tú eres el torpe que lo hundió?"

Troncón tiene un 1000% de razón en todo esto. Pero Muchacho nunca cederá /aceptará.

"Sé que es difícil para ti entender, incluso frases cortas, supongo..."

Muchacho habló con un tono exagerado de autoridad, como si Troncón fuera la persona más estúpida del planeta por creer en lo que ella misma decía... que en realidad era la verdad. *"Pero si me escuchas... Dije que no quería que te sintieras culpable, y es por eso que nunca te dije sobre el hundimiento del barco. ¿Por qué SIEMPRE tuerces las cosas?"*

Aquí observamos más acto de luz de gas y retorcimiento de la verdad por parte de Muchacho... en un enredo que nadie podría desenredar en medio de una conversación. Los amigos y la familia -gente que no entiende el abuso narcisista- generalmente no tienen la paciencia o la perspicacia para escuchar a una víctima tratar de explicarlo. Se descarta rápidamente, o se 'concluye' en una declaración general como: "El tipo es sólo un idiota. ¿A quién le importa lo que piense?" La única esperanza de la víctima para liberarse de un lío tan retorcido y asqueroso es que deje a un lado sus pérdidas y deje atrás al abusador. Debe reconocer su propia herida y embarcarse en su propio viaje de sanación para que ya no pueda ser explotada de esta manera.

"¿Estás bromeando? ¡Cabrón estúpido! ¡¿Cómo te atreves a culparme de eso?! ¡Jódete! ¡¡Púdrete!!" Su ira estaba aumentando, y no podía explicarse exactamente por qué. Todo lo que sabía era que Muchacho estaba siendo muy injusto y completamente ignorante. ¡Como siempre!

Dos cosas que quiero mencionar aquí: 1) No te engañes pensando que sólo porque puedes gritarle y maldecir a tu abusador significa que tienes algún tipo de poder personal. Cualquier molestia que le muestres, aunque sea bien articulada, sólo servirá a su patología. 2) ¿Ves por qué la víctima a menudo parece que fuese la abusadora en la relación?

Vale la pena repetirlo:

"Dios, eres bipolar, Troncón" Muchacho dijo burlándose.

Más basura por parte de Muchacho! (¡Ya basta!)

Uno de los objetivos perpetuos de un narcisista es encontrar la manera de proyectar su propia culpa e inadecuación en su víctima. Es enloquecedor y rompe el corazón, pero TIENES que reconocer que no hay esperanza en esta relación. Te han engañado. Eso es todo. Toma tus decisiones a partir de ESTA verdad, en vez de la que tu herida emocional está tratando de hacerte creer. No hay esperanza de que Muchacho confiese sus mentiras, manipulaciones o errores. Sólo hay más mentiras y manipulaciones por delante que se convertirán en horrores aún más grandes.

No hay esperanza de que él finalmente entre en razón.

No hay luz al final del túnel.

No hay un acuerdo mutuo.

No hay un cierre.

Su programación humana está defectuosa. Debes darte cuenta de lo que realmente está sucediendo: te estás enfrentando a alguien que es mental, emocional y espiritualmente como un zombi. La luz está encendida pero nadie está en casa. Su niño interior es **inexistente.** Entre más pronto te separes de esa persona, más pronto podrás arreglar tu vida.

¡¿Cómo se atreve este patético, quejumbroso e inútil troncón a cuestionarlo?! ¡Parece que alguien necesitaba recordarle quién era realmente quién mandaba en esta relación! "Mira, Pequeña Señorita Yo-Nunca-Hago-Nada-Mal, yo soy la víctima aquí. Confié en ti, y casi me cuesta la vida. ¡Tu tronco se hundió tan rápido que casi nos lleva con él! ¡Stella y yo tuvimos que saltar por nuestras vidas y nadar

hasta la isla! ¡Así que no te atrevas a culparme, Troncón!"

Vemos el sentido de **derecho** de Muchacho en plena vigencia aquí. En sus delirios, tiene derecho a todo lo bueno que tiene Troncón, porque, al menos en su mente, es un ser superior. Apodar a Troncón "Pequeña Señorita Yo-Nunca-Hago-Nada-Mal" es una táctica de distracción para que Troncón se cuestione las razones de sus argumentos. Al identificarse él como la víctima le da 'permiso' para echarle más basura a ella. Recuerde que gran parte de este enredo de la verdad es subconsciente; Muchacho puede o no saber que en realidad es un enfermo mental.

Mencionar el nombre de Stella aquí es absolutamente intencional. Lo hizo de tal manera -al calor de un argumento- que puede fácilmente manipularlo y negarlo después. Su elección de mencionar el nombre de Stella es otra forma de herirla; ella se entera de repente que hay otra mujer en su vida. A propósito, por favor entiende que Muchacho se siente completamente con el derecho a enojarse y a la apropiación indebida de culpa sobre Toncón.

Además, me siento obligada a decirle a mis lectores que pueden pensar que este nivel de manipulación que se desarrolla en la historia 'nunca sucedería' o que estoy siendo demasiado dramática aquí, que NO, no es así. Así es como los narcisistas tratan a sus víctimas... ¡y peor! La devastación es muy, muy real. De hecho, el abuso narcisista es parte de la condición humana, que se remonta al menos a los tiempos bíblicos, y es un gran contribuyente a la prevalencia de las enfermedades mentales, el abuso de sustancias, y todas las cosas perjudiciales que vemos en la sociedad de hoy.

"¡Muchacho! ¡Mi tronco no era una mierda, y lo sabes!"

Ella, al discutir con Muchacho, continúa permitiéndole que abuse de ella.

"¡Eres tan arrogante!

Proyección.

¿Cómo sabrías si tu tronco era una mierda o no?

Ensalada de palabras y desviación. ¡Por supuesto que Troncón sabría la calidad de su propia madera!

Yo soy el que lo esculpió y lo convirtió en un barco, no tú.

Más ensalada de palabras. Muchacho esculpió su madera; a través de su truco de lenguaje, insinúa que esto lo hace una mayor autoridad en el conocimiento sobre la madera que ELLA cultivó durante 25 años.

Y puedo decirte con certeza que tu tronco era débil, lleno de bolsas de aire, y por eso construí un barco defectuoso.

Incluso con mentiras tan atrevidas como esta, el narcisista jurará por Dios, jurará por la Biblia, jurará por la luna y volverá a jurar que dice la verdad. La razón de que esto debería asustarte hasta los huesos es: porque todo lo que sirve a su falso yo (que es su dios), es la verdad. La VERDAD no hace ninguna diferencia. Mientras tú estás discutiendo con un narcisista -luchando por la justicia y su cordura-, él está luchando por la supervivencia... de su falso yo. Él DEBE consumirte, o morirá! (Así es como se siente para él.)

Las personas que se comportan como Muchacho son individuos enfermos mentales extremos. De nuevo, por favor entiende que no hay esperanza en una relación como esta. Puedes rezar por él y poner tu fe en Dios, pero deja de racionalizar tu auto-degradación, y deja de fingir que eres amorosa/o, virtuosa/o o como Cristo. No lo eres. Si permites que un narcisista continúe abusando de ti en un esfuerzo por mantener la paz o ser una persona buena y 'virtuosa', literalmente alimentas su patología y le permites continuar su abuso.

Por eso se estrelló contra una roca y se hundió instantáneamente en el fondo del océano."

Desviación y proyección.

Troncón estaba fuera de sí por la ira y el dolor. Muchacho tenía una forma de hacer esta basura de declaraciones tan descabelladas, que no había forma de hacer un argumento en contra de ellas. Como tantas otras veces, sus declaraciones no tenían sentido. "¡¡Muchacho!!" gritó mucho más fuerte de lo que pretendía. "¡¡Estás mintiendo completamente!! Si mi madera estaba porosa y llena de bolsas de aire, ¡no se habría hundido tan rápido!"

No importa que tan fuerte le grite o lo correcto que ella esté, no la oirá y no cederá / aceptará. Así que, querida/o, por favor no malgastes tu precioso aliento o la energía de tu fuerza vital en intentar.

Maldición. Él no había pensado en eso. Nada de qué preocuparse; él sabía cómo controlarla: culpa inconsecuente y discusión tangencial... es decir, una discusión que suena como si estuviera abordando el tema, pero en realidad sólo le está dando la vuelta. Había pasado años perfeccionando cómo hacer esto, y lo había sacado de muchas situaciones realmente malas en las que de otra manera habría tenido que asumir su responsabilidad.

Los narcisistas siempre, siempre desvían la culpa de ellos mismos.

"¡Caramba¡ No puedes pasar nada por alto, ¿verdad?!

Desviación y culpa.

¡No me pidas que me ponga a pensar porqué el crecimiento retorcido de tu madera!

Ensalada de palabras.

No sé por qué tu madera se hundió tan rápido. Todo lo que sé es que te hice un ENORME favor al quitarte ese tronco de mierda de encima. ¿Podrías cerrar el pico y dejar de llamarme mentiroso?"

Ensalada de palabras. Ensalada de palabras. Ensalada de palabras. En la mente de Muchacho, su realidad manipuladora conserva su poder, y por lo tanto, está completamente justificada.

Troncón no veía la forma de contradecir las delirantes y retorcidas convicciones de Muchacho, que la hacían parecer irracional y lo absolvían de responsabilidad. Le echó en cara sus retorcidos relatos de su tronco hermoso y hundido, y que ella tenía la culpa de su irresponsabilidad e imprudencia.

Ella tiene razón; no hay forma de superar las convicciones delirantes y retorcidas de Muchacho. La única esperanza es alejarse y sanarse a sí misma y elevarse por encima de la 'frecuencia' energética de los narcisistas. Muchos empáticos se han 'perdido' en las madrigueras de los juegos mentales de los narcisistas.

Troncón no podía ver si Muchacho realmente creía en sus delirios o si los estaba inventando sobre la marcha.

En esencia, no importa realmente. De cualquier manera, el resultado final es el mismo.

Nada tenía sentido nunca acerca de Muchacho. A veces deseaba nunca haberlo conocido.

Troncón podría alejarse de la relación en este momento, antes de que las cosas empeorasen. Con los narcisistas, todo puede empeorar y empeorará si no tomas una posición y tomas medidas para protegerte de su deseo de destruirte. Si no puedes dejar de tener contacto con un abusador, al menos maneja tus expectativas dentro de la relación hasta el momento en que puedas dejarlo.

Pasaron varios minutos de silencio. Ella estaba más allá de la ira y hacía lo mejor que podía para respirar.

Hay una diferencia entre la ira santurrona y la indignación moral. No te engañes creyendo que tienes un problema de ira, cuando en realidad, ¡estás luchando contra un narcisista!

Ella sabía que había presionado demasiado el tema de su tronco hundido. Y se sentía fatal por haber dejado caer la bomba de insultos.

La culpa inapropiada la mantiene en deuda con Muchacho. Los narcisistas se oponen a su presa hasta que ella se 'da un golpe' para hacerla parecer como una loca.

También sabía que, debido a la infancia horrible de Muchacho, él no sabía cómo asumir responsabilidades, y no podía evitar ser como era.

Las víctimas inventan excusas para el comportamiento de su abusador, lo que las mantiene atascadas en la relación.

Por lo tanto, ella no tenía otra opción mas que perdonarlo y pasar todo por alto.

¡Falso, Troncón! Hay una opción mucho mejor: podrías dejar de verlo y dejar de permitirle... lo que te ayudaría enormemente y, en última instancia, sería un gran regalo para él.

Sin embargo... Troncón extrañaba mucho su tronco, y no podía fingir que no. Estaba profundamente herida, confundida y frustrada; cada vez era más difícil racionalizar el comportamiento de Muchacho. ¡Ay, las relaciones son difíciles!

Este párrafo retrata la cada vez más amplia brecha de disonancia cognitiva de Troncón. Al generalizar sus problemas con "¡Las relaciones son difíciles!", es su manera de racionalizar su decisión de quedarse con Muchacho.

Hasta hoy, ella se había consolado con la creencia de que Muchacho estaba disfrutando su tiempo navegando lejos de todos sus problemas... en el tronco que ella le regaló tan amorosamente.

Las víctimas viven con un pie en la fantasía, como una estrategia de supervivencia.

Lo que más le dolía a Troncón era que sabía que el alma de Muchacho estaba en graves problemas. Era obvio por sus delirios y comportamientos que algo estaba realmente mal con él, y era su trabajo ayudarlo.

Como muchas víctimas, Troncón reconoce que algo está mal con Muchacho. Ella se da vueltas en la preocupación y la culpa por la difícil situación de él, no teniendo comprensión sustancial de cuán profundos y duraderos son realmente sus problemas, y que nada de lo que ella pueda hacer, decir o ser puede arreglarlo.

Mientras que la mayoría de las otras mujeres probablemente lo rechazaban, Troncón sabía que ella era especial. Siempre había sido capaz de perdonar y amar a Muchacho a pesar de todo, y mostrarle que él SÍ importa, que es amado, y que ella SIEMPRE estaría ahí para él.

Los atributos dorados que Troncón se atribuye a sí misma son reflejo del reconocimiento que está deseando de otras personas.

Ella necesitaba ayudarlo. Dios la había puesto en su vida para que pudiera ayudarlo, porque nunca tuvo el *amor que necesitaba de niño. Ella podía darle ese amor. Ella se comprometió a amarlo sin importar lo que pasara.*

Estos conceptos erróneos y racionalizaciones mantendrán a Troncón atascada en esta peligrosa relación para siempre -hasta que Muchacho la consuma completamente y la descarte sin compasión-. Si no se atiende, un empático puede desarrollar algo llamado como el *Complejo del Mesías*; esto se deriva de su habilidad para suavizar, calmar, y nutrir al padre inconsolable en su infancia. Esto le da un sentimiento de omnipotencia. Esto la prepara para 'encontrar' a sus parejas enfermas y en sufrimiento. Cuanto más enfermo está, más ardientemente se aferra a su creencia de que puede 'arreglarlo / salvarlo' con sus 'poderes especiales'. Es por eso que muchos empáticos buscan métodos de sanación espiritual, como el Reiki. Los narcisistas hábilmente aprovechan esta propensión en las víctimas para conseguir atención, sanación, sexo, comida, y todo lo que ellos quieran de ellas. La libertad de la víctima llega cuando se da cuenta de que no es necesario, requerido o apropiado 'arreglar / salvar' a nadie. Más bien, los empáticos pueden tener compasión y honrar las lecciones que están aprendiendo de la persona que sufre.

Ya no compartía estos pensamientos con amigos o familiares. ¡Estaban todos enfadados con ella y la juzgaban mucho! Nadie entendía su profundo amor por Muchacho. Es cierto que Muchacho la trataba horrible la mayor parte del tiempo. Ella sabía que lo toleraba mucho.

Aquí hay un ejemplo de disonancia cognitiva: Troncón sabe que Muchacho está podrido / enfermo y que ella tolera mucho de él. Sin embargo, ella mantiene la ilusión de que Muchacho la ama. Ella también piensa y afirma que lo ama.

Y a veces se preguntaba por qué lo seguía amando. A veces Troncón deseaba que pudiera superarlo y dejar a Muchacho como todo el mundo le dijo que lo hiciera. Pero ella no sabía cómo.

Actualmente, hay por lo menos un billón de personas cuyas almas están 'en problemas' como Troncón dice que Muchacho lo está. Sin embargo, Troncón tiene muy poco interés en 'salvar' a estas muchas otras almas de sus horribles destinos, sólo a la de Muchacho. Esta casi noble afirmación de que debe amar incondicionalmente a Muchacho para salvarlo es en realidad una racionalización grande de su subconsciente que le 'permite' alimentar continuamente su adicción emocional a Muchacho. La disparidad de su inexplicable adicción a él y su deseo de 'superarlo' son típicos de esos abusos narcisistas duraderos, y además, otro ejemplo de disonancia cognitiva. Ella no sabe cómo superarlo porque su respuesta no existe con él, su aprobación, su comportamiento o sus acciones. Sólo existe dentro de ella misma. Sanar su herida original es la única manera de transformar su adicción a Muchacho, y garantizar que ya no atraiga a otros Muchachos como él.

Otra cosa que Muchacho dijo tenía el potencial de romperle el corazón aún más que saber que su tronco dormía con los peces. Troncón respiró profundamente. "Muchacho, ¿quién es Stella?"

"¿Stella? No lo sé. ¿Por qué?"

"Dijiste que tú y Stella tuvieron que saltar del barco que se hundía y nadar hasta la isla..."

"Nunca dije Stella."

Negación... negación... negación... Recuerda que Muchacho dijo 'Stella' intencionalmente en su despotricamiento anterior.

"Sí dijiste, Muchacho. Te escuché, alto y claro."

"No, no dije. Dije... Fella. Fella es mi perro."

Ensalada de palabras.

"¿Tienes un perro llamado Fella?"

"Sí, tengo un perro llamado Fella. Abre tus oídos."

Negación, ensalada de palabras, acto de luz de gas. Muchacho miente, hace acto de luz de gas, y luego culpa a Troncón por no abrir los oídos.

"¿Y lo llevaste en el barco a una isla?"

Troncón no se está creyendo su historia. Esto le molesta mucho a Muchacho.

"¡Si!" Muchacho levantó la voz. *"¡Sí! ¿Por qué es esto un tema tan complicado? Me llevé a mi perro en el barco de mierda a la isla. Me parece increíble que te haya dicho que casi me ahogo en el mar y que mi perro tuvo que arrastrarme a la orilla y que los nativos de la isla tuvieron que revivirme, y todo lo que haces es preguntar por el nombre de mi perro! ¡¿Qué demonios te pasa?! ¿Tienes síndrome premenstrual o algo así?*

Narración falsa, ensalada de palabras, negación, proyección.

Analicemos este despotrique. En primer lugar, Muchacho dijo 'Stella', no 'Fella'. Lo que es más, lo hizo a propósito, pero está fingiendo que no lo hizo. Para el narcisista, el lenguaje es como un juego de ajedrez; va tres pasos por delante de su víctima (a la que ha estudiado y conoce muy bien). Muchacho sabe que Troncón se obsesionará con Stella, y finge que dijo su nombre distraídamente, y luego niega haberlo dicho. (De nuevo, no intentes averiguar por qué... se trata de la adquisición de poder y control en la relación, y los narcisistas juegan muy sucio, y se desentienden de todas las reglas sensatas.) En segundo lugar, no dijo que casi se ahoga. Dijo que él (y Stella) PODRÍAN haberse ahogado - lo cual, por supuesto, es una verdad exagerada en sí misma-. Obviamente, nunca dijo que su perro lo arrastro hasta la orilla ni nada sobre los nativos de la isla reviviéndolo. Insinuar que Troncón es insensible porque de alguna manera 'pasó por alto' estos detalles en su conversación es otro acto de luz de gas. Otro viene cuando la acusa de "todo lo que haces es preguntar por el nombre de mi perro", lo que saca toda la conversación de contexto, la pone a la defensiva y la hace preguntarse a sí misma si escuchó correctamente a Muchacho. "¿Qué te pasa?" es una pregunta retórica que se basa en la premisa de que Muchacho hace afirmaciones válidas (que, por supuesto, no es así).

¿Ves, querido/a lector/a, por qué es tan importante el saber acerca del narcisismo? Mira la cantidad de esfuerzo y palabras -de mí- alguien que entiende el narcisismo en muchos niveles -necesarias para poner en esta explicación con el fin de desenredar el despotricamiento de Muchacho-. No hay manera de que una víctima que no es consciente de estas tácticas pueda hacer esto en una situación de la vida real, en tiempo real, mientras está inundada en sus propias emociones, y mientras está sucediendo. Sus desencadenamientos emocionales serían demasiado grandes. Incluso si ella lograra hacerlo, el narcisista continuaría disparando sus torpedos, manteniéndola en un constante estado de ansiedad y confusión.

¿Qué acaba de decir? ¿Que casi se ahoga? ¿Y luego insinuó que a ella no le importaba? ¿Y luego la acusó de tener síndrome premenstrual? ¡¿Qué? Sólo... ¿qué?!

Tejer asquerosas y arrolladoras mentiras con hilos de verdad es una forma efectiva de confundir a Troncón y hacerla sentir culpable.

Troncón se enfrentó, de nuevo, a un torbellino sin sentido que la hizo sentir impotente para contrarrestar. No había nada que hacer aquí salvo perdonarlo y hacerle saber que le importaba. "Lo siento, Muchacho... No te escuché decir que casi te ahogaste..."

De nuevo, no hay responsabilidad para Muchacho, ella se traga las mentiras, asume la culpa que no es suya, y le da a él permiso para seguir abusando de ella.

"¡Sí te dije! ¡Pero nunca escuchas!" Muchacho respondió.

Falsa narrativa, desviación...

Troncón suspiró. Muchacho estaba siendo su yo imposible otra vez. Lamentablemente, no era nada que Troncón no hubiese presenciado o perdonado antes.

Troncón se resigna a que Muchacho sea 'su yo imposible'. Esta es una mentalidad peligrosa, y deberías saber, que si te encuentras en una circunstancia similar, las cosas sólo empeorarán, nunca mejorarán entre tú y el narcisista.

Pero Muchacho estaba realmente muy enfadado e indignado por todo esto... así que debe estar diciendo la verdad... desde su retorcida perspectiva.

La rabia y convicciones narcisistas de sus puntos groseramente inválidos, pueden ser muy convincentes para la víctima. Mientras la víctima esté confundida, no puede actuar... que es exactamente donde está Troncón y donde Muchacho la quiere.

¿Tal vez él está confundido? ¿Quizás piensa que no me importa que casi se ahogue?

No, Troncón; él no piensa eso. Ese es su gancho de culpa, haciendo que tú dudes de ti misma. La duda en sí misma es a menudo el resultado de estos intercambios, ya que Muchacho ofrece cero espacio para una discusión auténtica y permanece decidido en su postura.

Pero... ¡él sabe mejor que yo! Había tantas preguntas sin respuesta, y parecía que nunca le daba respuestas directas.

Esta es la relación narcisista por excelencia.

Tal vez si ella hablaba muy gentilmente, él la escucharía. "Muchacho, te he echado tanto de menos... y no recuerdo que hayas dicho nunca que tenías un perro llamado Fella... o que casi te ahogaste... y sólo quiero que seas honesto conmigo acerca de Stella..."

Troncón todavía cree que está tratando con una persona racional, con capacidad de razonamiento, y un deseo mutuo de sanar su relación. Ella no tiene idea de que toda esta 'locura' ha sido orquestada a propósito por la mente retorcida y maníaca de Muchacho para controlarla, manipularla y finalmente destruirla.

"¡Oh, deja de quejarte, Troncón! Estoy harto de que sigas y sigas y sigas con tonterías. Hemos hablado de esto durante 20 minutos. ¿Podemos terminar con esto?"

Muchacho reduce las preocupaciones de Troncón a 'quejas'. Los narcisistas son famosos por dejar caer estas líneas durante las discusiones. Esto es un acto de luz de gas en el sentido más cruel, junto con los insultos y la desviación. Un narcisista pretende que tú ya has hablado de (lo que sea) cuando en realidad, todo lo que ha hecho es graznar alrededor de tus muy legítimas preocupaciones. Si alguien usa esta línea contigo durante un desacuerdo y todavía tienes muchas preguntas sin respuesta, presta atención. Probablemente estés tratando con un narcisista, o al menos con alguien con tendencias narcisistas. A medida que la discusión continúa, la víctima pronto es etiquetada como 'fastidiosa' y el narcisista triunfa... otra vez.

"Pero Muchacho, no respondiste a ninguna de mis..."

"¡¿POR FAVOR?!" Habló bruscamente, como si estuviera muy molesto.

Ohh.... ¡pooobre Muchacho! ¡Tiene que lidiar con la ridiculez de Troncón!

Troncón se quedó en silencio.

Confusión, conformidad, silencio. Tristemente, es lo que le sucede a víctima...

Muchacho se puso a despotricar con un quejido de amargura: "Mrfsgegerf maldita sea... hermberer-ergerm eferber... no te he ererergermeseen en años de fermescur rmererergermefe....estoy rmescuh media hora y eres hermedederbrrmehjerscreby de vuelta a rmescu mismo incesante regaño. Yo jererergermefet aquí y tener un buen descanso rmescu pasar tiempo contigo, ererergermefe arruinar la paz y la tranquilidad mescur bederme maldita sea..."

Esta queja amarga es la forma en que Muchacho le hace saber a Troncón que está justificadamente enfadado (no lo está, excepto en su propia mente) y de mantenerla en un estado de ansiedad. Muchacho quejándose de esta manera, mantiene a Troncón al margen, caminando sobre cascaras de huevo, y completamente miserable -justo donde él la quiere-. No hay esperanza aquí. Muchacho nunca cederá / aceptará. Nunca cambiará. Si te encuentras en una posición similar, te doy, oficialmente, permiso para salir de esta relación y reclamar tu vida! Si no te sientes lista para alejarte, o si de alguna manera estás enredada o dependes del narcisista, simplemente haz consciencia de esto. Tomar la decisión consciente de permanecer en una relación abusiva -en lugar de una inconsciente- es, en última instancia, mucho más saludable a largo plazo, ya que nuestro objetivo es conseguir que tú seas la dueña/o de tu vida, tus decisiones y la dirección de tu vida.

Troncón no dijo nada. ¡Esto la hizo enloquecer y fue injusto y horrible! Sin embargo, ella tenía fe en que Muchacho un día superaría su ira y vería quién era ella realmente: una persona amable, que lo perdonaba, que siempre lo apoyaría, y que lo amaba con todo su corazón.

Como el perdón y amor incondicional de Troncón están al servicio del falso yo del narcisista, este 'razonamiento' nunca, nunca sucederá a través de sus esfuerzos. El único destello de oportunidad que un narcisista tiene de romper con su falso yo es si realmente sufriera las consecuencias de su comportamiento y acciones. Si nadie en el mundo entero lo alimentara, se desmoronaría, su falsa máscara sería arrancada, y el niño interior aterrorizado, encogido y cobarde dentro de él quedaría expuesto -y se le daría la oportunidad de sanar-. Por lo tanto, darle permiso a un narcisista a través del perdón perpetúa su maldad -y no, de ninguna manera, le ayuda a él, a ti, a tus hijos, o a la sociedad-.

La verdad es que estaba un poco desesperada. Nadie más la querría en este momento. No tenía manzanas, ni hojas, ni ramas, ni tronco...

Además de la explotación de recursos, la baja autoestima es una consecuencia del abuso narcisista. Lo que se daña mucho es la percepción de la realidad de la víctima y, por lo tanto, la incapacidad de confiar en su propio conocimiento, lo que lleva a la drástica disminución de su sentido de sí misma. Cada vez que ella tolera el abuso, lo barre bajo la alfombra, o tira un manto de perdón sobre un abusador que no se disculpa, le da un pedazo de su alma. Incluso un tiempo muy corto con un narcisista puede hacer un increíble daño personal. Renuncia a tu cuento de hadas de que él siempre fue quien era al principio, durante su fase de bombardeo amoroso -o cualquier cosa más de lo que es ahora-. No intentes vengarte. No intentes que cambie. Date cuenta de que estás enredado con una persona con 'programación' sub-humana, que es muy peligrosa para tu bienestar, el de tus hijos y el de tus seres queridos.

le había dado todas estas cosas al Muchacho que amaba.

Una vez más, este 'amor' no es amor, es una respuesta emocional de la memoria.

Dios la había puesto a cargo de salvar el alma de Muchacho,

¡Incorrecto! Dios no pone a la gente 'a cargo' de salvar el alma de nadie, especialmente si eso significa perder la tuya en el proceso.

así que darle todo lo que era importante para ella era parte de su lucha. No debe cuestionarlo.

Una racionalización gruesa y peligrosa aquí.

A pesar de todos sus defectos, y el hecho de que él estaba tan enfadado con ella todo el tiempo, sabía que Muchacho la amaba mucho.

Se escucha esto de las víctimas: "Sé que me ama, a pesar de su malvado y rudo exterior". Esto es indicativo de una herida infantil más profunda, una que involucra a un padre (probablemente) abusivo y emocionalmente ausente. Para el niño en desarrollo, ser amado por un padre es psicológicamente crucial. Si un padre falla en mostrarle amor al niño, el niño se esforzará en llenar este vacío de DisCog con racionalizaciones y declaraciones generales. Por ejemplo: "¡Sé que me ama!" Este es el patrón exacto que se muestra en su relación, hoy, con su compañero abusivo y emocionalmente ausente, Muchacho. Resolver esto requiere que Troncón vaya a su lógica y se enfrente a la verdad. ¿Cómo le está mostrando su amor a él? Sus acciones, palabras, comportamiento e historia muestran un patrón flagrante de falta de respeto, manipulación e indiferencia al dolor de ella. Esto no es amor, de ninguna manera.

Estaba preocupada por él. Él era tan frágil y siempre le pasaban cosas terribles. Como su casa cayéndose y su barco hundiéndose.

La 'mala suerte' de Muchacho es un efecto de su falta de voluntad de tomar cualquier medida de responsabilidad. El amor incondicional y apoyo de Troncón está alimentando una entidad muy hambrienta, muy oscura y muy malvada llamada narcisista.

Por supuesto que la culpó; debido a su horrible infancia él era incapaz de culparse a sí mismo. Troncón sabía que él nunca podría sobrevivir en el mundo sin su amor incondicional y su apoyo.

Bueno, esto es parcialmente cierto: su falso yo nunca podría sobrevivir en la vida sin su amor y apoyo incondicional. Pero, como ya se ha dicho, mantener su falso yo es peligroso y contraproducente para ambos... especialmente si ella está realmente preocupada por su (de él) alma. Lo que ayudaría a Muchacho más que nada es permitirle caer completamente en el dolor de su propias consecuencias. Para hacer esto, Troncón necesita dar un paso atrás y dejar de alimentar a la bestia dentro de él.

Troncón no podía soportar la idea de que él estuviese con otra mujer. Aunque parecía que podría haberlo estado, era más fácil pasarlo por alto y poner la situación en manos de Dios.

Los celos, la inseguridad y el miedo al abandono surgen de la herida emocional (infancia / adolescencia) no satisfecha y no reconocida de Troncón. Es exactamente por eso que las personas heridas pueden volverse mórbidamente celosas, obsesivas, manipuladoras y acosadoras con los ex-amantes. En el caso de Troncón, ella elige cegarse, en favor de un enfoque cuasi cristiano para 'dejarle la situación a Dios'. Esto se debe a que muestras anteriores de celos u obsesión con Muchacho la dejaron dolorosamente destrozada. Es más fácil tirar un manto grande de perdón sobre la situación, dejársela a Dios, y pretender que todo está bien. El karma de mierda de pollo... ¡está en proceso de elaboración!

Sabía que no debía dejar que su imaginación volara con el asunto de Stella. Probablemente dijo 'Fella'.

Sólo que ella lo escuchó mal. Como siempre. Ella suspiró. "Lo siento, Muchacho."

Más racionalización para llenar la brecha de disonancia cognitiva, y más interiorización de la manipulación y disfunción de Muchacho, que por supuesto, rápidamente aprovecha:

"¡Me pones de malas, Troncón!" Muchacho levantó su sombrero y se alisó el cabello ralo y canoso. "Incluso Tomás y Enrique están de acuerdo conmigo: ¡que estás loca e imposible!" Se volvió a poner su sombrero.

Este es un ejemplo de triangulación 'fantasma'. El hecho de que Tomás y Enrique no existen realmente es irrelevante en la mente de Muchacho. Los narcisistas a menudo crean partidarios de la nada para acosar y avergonzar a las víctimas. Por supuesto, los narcisistas también triangularán con personas reales, que a menudo tienen muy poco contacto con la víctima y, muy a menudo, no son conscientes de que están siendo utilizados por el narcisista de esta manera.

"¿Quiénes... quiénes son Tomás y Enrique?" Preguntó tímidamente.

"¡Tomás y Enrique! ¿No sabes? Los chicos con los que juego al squash. ¡Jesús! ¡No recuerdas nada, nunca!"

Más mentiras y desviación hacia la supuesta ineptitud de Troncón.

Muchacho sabía que Troncón estaría pensando acerca de Tomás y Enrique, que en realidad no existían. Distraer a Troncón con la idea de Tomás y Enrique era su mejor opción para que ya no estuviese preguntándole nada acerca de Stella-que él, por supuesto, había invocado a propósito-. Más tarde ella se daría cuenta de que Muchacho nunca le dio una respuesta directa, y se pasaría toda la noche dando vueltas pensando. ¡Sí! Perra tonta. ¡Oh, sí! ¡Mega rompecorazones aquí mismo, véanme!

Aquí vemos el 'juego de ajedrez' mental de Muchacho en acción, que se juega contra la cordura de Troncón. Tristemente, debido a que Troncón está virtualmente muriendo por su amor y aprobación, la usa como un peón en su juego contra ella.

Troncón estaba preocupada de que Muchacho le hubiese dicho a Tomás y Enrique que ella estaba loca e imposible. ¿Por qué les diría eso? ¡Ella no estaba loca ni imposible! ¡Ella era agradable! ¡Ella le daba regalos! ¡Era amable! Pero Tomás y Enrique sólo podían saber lo que Muchacho les había dicho sobre ella. ¿Cómo podía arreglar el asunto?

No puedes... excepto darte cuenta de que estás siendo usada como peón en un juego mental muy enfermo y retorcido. Tu única oportunidad de hacer esto bien es reconociendo la verdad de tu situación y tu relación con Muchacho.

Sabía que si pudiese hablar con ellos, podría explicarles este malentendido. Pero sabía que

Muchacho nunca le permitiría conocerlos. Nunca llegó a conocer a ninguno de sus amigos.

Incluso si el tercer triangulado existiese, Muchacho ha preparado su versión de la historia de tal manera que no habría redención para Troncón. Todo lo que ella diga puede y será usado en su contra en la corte de los narcisistas.

Ella dedujo lo siguiente: necesitaba recuperar el respeto de Muchacho. Pero no estaba segura de cómo hacerlo. La única cosa que se le ocurrió fue que tenía que ser muy estricta con su salud y alimentación para conseguir que su cuerpo volviera a ser el mismo de antes. Un licuado de proteínas y el ejercicio diario la ayudarían a hacer crecer su tronco, ramas y manzanas. De esa manera, ella podría darle a Muchacho más manzanas y madera. Entonces él estaría enamorado de ella otra vez. ¡Sí! Eso es todo. Ella empezaría mañana.

Troncón está internalizando la grave disfunción de Muchacho. (¿Cómo puedo recuperar su respeto?) Ella nunca tuvo su respeto en primer lugar. Al principio de una relación con un narcisista, hay una fase de bombardeo amoroso, en la que el narcisista adora a la víctima, pero esto es una estratagema, usada para engancharla a su patología. Lo que es más: cualquier cosa que Troncón cree de valor será devorada por el voraz apetito narcisista de Muchacho. Supongamos que Troncón es capaz de hacer crecer milagrosamente un nuevo tronco y ramas -y convertirse en lo que era antes de Muchacho-; si ella no hace un trabajo significativo de sanación de su herida original, Muchacho -o alguien muy parecido a él- vendrá y se tragará toda esa bondad para sí mismo.

Hace algunos años, ella había decidió gastar los ahorros de toda su vida para hacerse un implante de tronco. Pero terminó cancelando su cirugía a último momento y le dio todo el dinero a Muchacho; él necesitaba comprar un auto nuevo porque su carro viejo, de alguna manera se hundió en el fondo de un lago. (¡¡Pooobre Muchacho!!) ¡Ella necesitaba ayudarlo!

Otra vez, sin considerar el hecho de que ella necesitaba un nuevo tronco y que estos eran los ahorros de toda la vida; él se enteró de su reserva de dinero y la convenció a que se lo diera -probablemente con promesas de devolverle el dinero, lo cual nunca hace, ni tiene ninguna intención de hacer-.

Finalmente lo escuchó suspirar y sintió su huesudo trasero relajarse. Gracias a Dios. Sería seguro para ella hablar de nuevo, siempre y cuando no mencionara a Tomás, Enrique, Stella, Fella, el barco, sus manzanas, sus ramas, su tronco, o cualquier otra cosa que Muchacho pudiese interpretar como una queja o algo raro.

Este párrafo demuestra la hipervigilancia de Troncón. Indica cuánto control tiene Muchacho sobre ella. Troncón tiene miedo de tener una conversación normal con él porque podría volver a saltar de enojo en su contra... lo cual es enormemente doloroso para ella. En lugar de decirle que se vaya y se dé cuenta de que está tratando con un controlador maniático, se cree sus juicios, interioriza sus burlas y las incorpora a su perpetuo y menguante sentido de sí misma. Ella se centra en él -el mundo exterior, más que en sí misma-, el entorno interno porque tiene miedo de cruzar las líneas imposibles y constantemente cambiantes que él ha dibujado para ella en el curso de su relación.

Tristemente, no se le ocurrió nada que decir.

El silencio es extremadamente incómodo para los co-dependientes. Esto se debe a que ella está casi 100% enfocada externamente. Por lo tanto, la mentira es: silencio = no hay retroalimentación externa entrante = no hay 'yo' que se refleje en retrospección... lo cual se siente invalidante y aterrador. Presta atención a qué tan cómoda/o estás con el silencio. Si te sientes incómoda/o con ello, intenta volver a centrarte en tí misma/o.

¡Pero el silencio era ensordecedor! ¡Necesitaba decir ALGO! "Tu... mm... trasero se siente bien y relajado, Muchacho..."

"¡¿Eh?!" Muchacho levantó la cabeza y frunció el ceño. "¿Qué... demonios se supone que significa eso?"

Troncón se avergonzó.

Al avergonzarla, Muchacho es capaz de extraerle el suministro narcisista.

En realidad, esto fue ridículo. Ella se estaba cansando de sentirse así. A decir verdad, estaba agotada con todo este asunto de caminar sobre cáscaras de huevo a las que Muchacho la había orillado... aunque en realidad no tenía pies. Caramba, tal vez su familia y amigos tenían razón. Tal vez se merecía algo mejor. Tal vez Muchacho era sólo un viejo gruñón y miserable que la usaba durante sus períodos de sequía.

Aquí vemos la lógica de Troncón y su búsqueda por la verdad en los hilos enredados de engaño y manipulación de Muchacho. Esto puede suceder cuando los abusadores empujan a su víctima 'demasiado lejos'. Los narcisistas tienen un sexto sentido para sus fuentes de suministro de narcisistas 'yendo ahí', y están natural y espiritualmente en guardia; Troncón si fuese sabia, le impediría a él ser capaz de chupar su alma hasta dejarla seca. A él no le lleva mucho tiempo recuperar el control.

Estos pensamientos le lastimaban su corazón. Pero la actitud de Muchacho hacia ella era ya simplemente insoportable. Por primera vez en mucho tiempo, ella empezó a considerar la idea de terminar su relación con él. Troncón se puso a pensar profundamente, preguntándose cómo le diría exactamente que ya no podía verlo.

Aquí vemos a Troncón contemplando el final de la relación. A pesar de que ella no le dice nada, Muchacho lo percibe. Siente que ella retrocede, y que puede haberla presionado demasiado. Por eso, en su siguiente línea, la 'aspira y jala' de nuevo:

"¿No es un día muy bonito?" Muchacho le preguntó alegremente, como si nunca hubiese ocurrido ninguna conversación horrible, manipuladora o degradante entre ellos.

La repentina alegría de Muchacho no sólo es una táctica de aspirar, sino que es otra forma extremadamente sutil de negación. Una actitud alegre repentina es muy confusa y, por supuesto, extraordinariamente invalidante para Troncón porque las cosas horribles que Muchacho dijo en el curso de esta conversación están de repente fuera de tema, y obviamente no es una preocupación de Muchacho. Tristemente, Troncón vuelve a 'alinearse' sin un ápice de resistencia:

"¿Eh?" Troncón fue sacada de su profundo pensamiento por la inesperada alegría de Muchacho.

La repentina alegría de Muchacho también crea una disonancia cognitiva -porque no hay un ímpetu identificable para ello-. De nuevo, el nombre del juego para el narcisista es confusión, degradación y extracción de energía de fuerza vital. Como un *ninja* del alma, tiene movimientos que su víctima nunca ve venir. La alegría repentina es uno de ellos.

Ella finalmente respondió. "¡Oh, Oh! ¡Sí! ¡Está tan bonito y soleado!" Habló en el tono más feliz que pudo hacer. Estaba agradecida por el cambio de humor de Muchacho.

La otra cosa que hace la alegría repentina es crear gratitud en la víctima. La alegría repentina se usa para desarmar a una víctima que se está 'volviendo sabia'. Ella está tan agradecida por este cambio en su trato normalmente abusivo que olvida rápidamente 'todas esas cosas malas' y, siendo la persona amable, cariñosa y comprensiva que es, se pone en 'línea' demasiado rápido.

Sabía que se debía a que ella siempre lo perdonaba, y que él, finalmente estaba superando todo el dolor que rodeaba su corazón. (¡Aleluya! ¡Alabado sea Jesús!) "Me encantan estos días soleados y frescos contigo, Muchacho."

No, Troncón. Él no está rompiendo con todo el dolor alrededor de su corazón... todo esto es una manipulación de tu bondad y empatía hiperactiva. Lamento decir, cariño, que te han engañado -otra vez-.

"¡Sí, hemos compartido juntos muchos días como estos... ¿verdad, Troncón?!" Muchacho *le dio una palmadita.*

Continuando con su acto de aspirar (*hoovering*), recordándole los tiempos maravillosos.

"¡Así es! Hemos tenido muchos momentos de diversión, Muchacho." Troncón *estaba disfrutando de este momento imprevisto de nostalgia con él. Suspiró profundamente y sonrió para sí misma. El amor y la fe en su corazón regresaron rápidamente.*

El sol brillaba sólo para ellos en ese momento. Ahh! ¡El dulce sol! ¡Cómo echaba de menos sus hojas! Y los días en que podía disfrutar de su generoso calor y contribuir a las preciosas reservas de oxígeno del planeta,

Como seres conscientizados y sociales, debemos ser capaces de contribuir al bien de la sociedad. Prosperamos cuando lo hacemos. Nos quejamos y nos corroemos cuando no lo hacemos o no podemos. Un narcisista despoja a su víctima de su capacidad de contribuir a la sociedad, y de todos los beneficios por hacerlo.

con Muchacho *descansando cómodamente en sus ramas.*

Esos fueron algunos de los recuerdos más felices de su vida.

Que tonta fue al pensar que Muchacho era sólo un tipo gruñón y miserable que la usaba durante sus períodos de sequía. Nada más importaba.

Tristemente, debido a la débil resolución de Troncón, un momento de bondad de Muchacho la pone de nuevo en sus garras. Una mujer con altos estándares y saludable autoestima no construye relaciones con la amabilidad y respeto intermitente de su pareja.

Él la amaba. Y ella lo amaba a él. Este mismo momento era pruebe de ello.

Troncón se metió a fondo en sus sentimientos del momento.

La razón por la que una víctima se siente tan emocional en momentos de conexión emocional con el narcisista es porque momentáneamente está saciando el niño emocionalmente hambriento dentro de ella. En tal estado, las lágrimas no expresadas de la infancia salen a la superficie. El ego entonces construye una falsa realidad alrededor de estos sentimientos que se sienten como verdad. En el caso de Troncón, la falsa realidad es que: "Él la amaba y ella lo amaba a él. Este momento lo demostraba". Esto se siente muy real, y en tal estado, la víctima es extremadamente vulnerable.

Tristemente, esto causó que ella hablara sin pensar. "¡Oh, Muchacho! Ojalá tuviera mis ramas para que pudieras subir y esconderte en mí y olvidarte del mundo." Troncón se detuvo en seco, al darse cuenta de que acababa de pronunciar palabras sobre un tema delicado: sus ramas. "Mm... quiero decir..."

Muchacho ha 'entrenado' a Troncón para no hablar de nada que explícita o implícitamente haga que él parezca culpable.

"Dios, tenías que volver a mencionarlo, ¿no?" Muchacho dijo con desdén.

Que Troncón le mencionase a Muchacho el hecho de que ella echaba de menos sus ramas y hojas, ¡era casi prohibido! Ella no tenía permitido sugerir, mencionar o hacer nada que pudiese pintarlo de una manera mala o culpable. Además, cualquier alegría, gratitud o confianza en la relación sería inmediatamente aplastada por Muchacho. ¡Es el modo en que opera el narcisista!

"Lo siento, Muchacho. No quise decir que fuera tu culpa..."

En lugar de recibir una disculpa por parte de Muchacho (que se merecía), ¡se disculpa con ÉL! (Vemos esto en muchas relaciones disfuncionales -no sólo en las románticas-.)

"Cómo quieras, Troncón. Siempre estás tratando de hacerme sentir culpable por algo.

Proyección; él es el que siempre le hace esto a ella.

¿Cuándo vas a enfrentar los hechos? Tus hojas se han ido. Tus manzanas se han ido.Tus ramas se han ido. Tu tronco se ha ido. Sólo... ¡resígnate! ¡Y deja de hacerme pasar por el tirano en esta relación!

Obviamente, Troncón nunca lo hizo pasar por un tirano. Él es el que hizo todo por su cuenta. Sin embargo, esta declaración de él nos da un vistazo a la verdad de cómo se ve a sí mismo. Se proyecta en Troncón y la culpa de su propia culpa y agonía. Este comportamiento es muy típico de un narcisista. Es una de las razones por las que algunas cosas que dicen parecen salir del campo de la izquierda, fuera de contexto, y no tienen sentido. Si esto sucede, empieza a pensar 'proyección de su propia mierda, seguido de culparme por su propia mierda'. *Ayy... agotador, ¿no es así?*

¡Dios! ¿Tienes idea de lo que tengo que soportar de ti?''

Más proyección...

Troncón se sentía confundida y devastada. Se esforzaba por ser la persona más cariñosa, dócil y despreocupada que podía para él, pero no era fácil. Sabía que Muchacho no podía evitar su forma de ser. Simplemente no podía. Necesitaba esforzarse más para morderse la lengua y tener compasión... y no enfadarse tanto con él. Pobre Muchacho. ¡Soy una perra! Su corazón se hundió en la vergüenza.

Recuerde, aunque nada de esto es culpa de ella, Muchacho siendo un narcisista, es capaz de intuitivamente 'mayugar' la herida más profunda de Troncón y explotarla. Por lo tanto, aunque NO tenga sentido, ella asumirá la culpa, y luego reaccionará con vergüenza, auto-devaluación y duda.

¿Cómo es que ella se esforzaba tanto en ser su todo, y sin embargo él constantemente la reducía a nada?

Todas las partes hermosas de ella se habían ido. Ella se las había dado, tratando de hacerlo feliz. Pero no importaba lo que le diera, no era suficiente, siempre lo estropeaba... y siempre estaba vacía.

Troncón no considera el hecho de que Muchacho está mentalmente inestable, y sin deseos de arreglar nada en la relación.

Muchacho nunca se disculpó por herir sus sentimientos. Por el contrario, ella siempre se disculpaba con él, incluso por las cosas que él hacía. Siempre intentaba como loca hacer las cosas bien.

Nada será suficiente nunca para él... porque el alma de Muchacho es virtualmente un pozo vacío de oscuridad, desesperación y desesperanza. La arrogancia y grandiosidad con la que él se presenta son proyecciones de su falsa máscara que ha puesto en lugar de su sentido de sí mismo. Ninguna cantidad de manzanas, ramas, troncos, dinero, fama, comida, sexo, posesiones o cualquier otra cosa llenará su vacío. No es hasta que su máscara se rompa y él se quebrante en el suelo que sufrirá lo suficiente como para elegir hacer algo al respecto. Por lo tanto, cada acción que se le permite al narcisista (como el perdón incondicional mientras uno se ciega a su tiranía) lo aleja más de Dios / Divino / Fuente y, por lo tanto, uno no es en lo absoluto virtuoso.

Troncón se consolaba con las perlas de sabiduría que había escuchado de los ancianos sabios a lo largo de los años:

"El amor significa no tener que decir nunca que lo sientes."

Una expresión ciertamente inventada por los narcisistas, que nunca dicen que lo sienten.

"El amor incondicional significa que miramos más allá de los defectos de nuestro ser querido para su bien."

El amor incondicional no equivale a tolerar el abuso o permitir la disfunción de alguien.

"El verdadero amor lo conquista todo."

El **verdadero amor** no permite la disfunción. El verdadero amor arroja consecuencias en su cara, con fe en la capacidad de transformación de la otra persona -si así lo desea-.

"Todo lo que necesitas es amor."

¡No es exactamente cierto! Para sobrevivir, también necesitamos comida, refugio, dinero, ropa, agua, respeto, y seguridad. Todas estas necesidades vitales se ven amenazadas cuando te enredas con un narcisista.

"El amor es la respuesta."

De nuevo, lo que estamos presenciando entre Troncón y Muchacho no es amor. El amor no acepta ni fomenta el abuso.

Troncón respiró hondo y se dijo a sí misma que no iba a renunciar a Muchacho o a su relación con él.

Al no darse por vencida en su relación, se dio por vencida en sí misma.

"Tengo hambre" dijo Muchacho. "Seguro que podría ir por una manzana ahora mismo."

Este comentario es para retorcer el cuchillo, especialmente considerando su conversación anterior sobre sus 'manzanas podridas'.

Troncón se desplomó.

Troncón se está resignando al abuso de Muchacho, una señal de que Muchacho ha tenido éxito en 'quebrar su espíritu' y chupar su alma hasta dejarla seca.

"Oh sí..." Muchacho se dijo.

Un comentario grosero y a propósito para Troncón...

Muchacho suspiró profundamente. Pasaron varios momentos en silencio hasta que casualmente se apoyó hacia atrás con sus manos y cruzó un pie sobre el otro. Empezó a tararear una alegre melodía: 'Muy amigable', de Marilyn Manson. Troncón estaba confundida por su cambio de humor alegre, pero agradecida de que ya no estaba enojado con ella.

Cambiar el estado de ánimo es una táctica manipuladora que los narcisistas usan para mantener a sus víctimas confundidas y en 'alerta máxima'.

Muchacho habló en un tono alegre. "Es muy extraño que tú y yo estemos saliendo. ¿No crees, Troncón?"

"¿Por qué? ¿Qué quieres decir, Muchacho?"

"No lo sé. Tal vez porque suelo salir con mujeres con tetas más grandes y un trasero más bonito que el tuyo."

Comentario intencional para herir los sentimientos de Troncón. No hay nada inocente en esta declaración, y no hay forma de interpretarla excepto que fue un insulto intencionado, destinado a molestar a Troncón.

Troncón se quedó atónita. "¡Muchacho, ¿por qué me dices tal cosa?!"

¡Una pregunta muy legítima, Troncón! Desafortunadamente, Muchacho no está jugando con una baraja mental completa... y tú le muestras que responderle con disgusto, sólo juega en sus manos e intenciones de degradarte y desmoralizarte.

"¿Eh? ¿Qué? <Inserta una mirada tonta y confusa aquí.> Sólo digo que suelo salir con mujeres con tetas más grandes y un trasero más bonito. ¿Por qué siempre te tomas todo tan personal?"

"¿Qué? Sólo digo..." dicho mientras 'se hace el tonto' es extremadamente típico del narcisista. Luego repite lo que "sólo estaba diciendo". Luego lo minimiza, y convence a la víctima para que cambie de opinión sobre lo que percibe. Este escenario es extremadamente común con los narcisistas, y exactamente el porqué algunos expertos en psicología creen que el narcisismo es en realidad una forma de autismo -ya que hay una marcada falta de consciencia social expresada-. Mientras que los afectados por el verdadero autismo son realmente incapaces de navegar por las señales sociales, y por lo tanto dirán cosas inapropiadas u ofensivas por ello, los narcisistas sólo FINGEN que no lo entienden, con el deseo de infligir daño. ¡Este término equivocado por parte de nuestros profesionales de la psicología es un horrible insulto a los autistas!

Date cuenta muy bien, no importa cuán 'tonto' sea un narcisista, él sí te entiende. ¿Cómo lo sabemos? Sólo con esto: los narcisistas pueden transformarse en personas extremadamente encantadoras, benevolentes y cariñosas en un momento dado (las personas con autismo no pueden), y lo hacen con el objetivo de manipular. Las crueles afirmaciones de Muchacho aquí son muy **intencionadas** y calculadas: dos cosas que un autista nunca sería capaz de ejecutar. Luego añade el insulto a la herida haciéndose el tonto de que no sabe porqué ella se ha molestado.

"Yo nunca te diría algo así. ¡Eso es tan grosero!"

"¡Dios! ¡Suficiente! Pensé que tenías un mejor autoestima. ¡No puedo hacer un comentario inocente sin que te indignes!"

Acto de luz de gas, negación, desviación, cambio de culpa... refiriéndose a su comentario como "un comentario inocente" es también una forma de ensalada de palabras.

Una vez más, Troncón estaba enojada y profundamente herida. ¿Por qué se le ocurriría decir algo así? ¿Y luego no entender por qué ella se había molestado? Debió haber sido pateado en la cabeza por un burro o atropellado por una aspiradora de alfombras cuando era niño. Cualquier persona normal sería capaz de VER lo hiriente que fue este comentario. ¡¿Cómo era que él no lo entendía?! Nunca le pasó por la cabeza que Muchacho lo dijera a propósito y se hiciera el tonto.

¡Nadie le ha enseñado a Troncón sobre el abuso narcisista! Si lo hubiesen hecho, ella entendería por qué Muchacho se comportaba así. Estar completamente perplejo/a y contemplar las razones de su comportamiento completamente inexplicable es común para las víctimas; ella / él no tiene un paradigma para tales tonterías en su cerebro, así que empieza a hacer suposiciones. "Debe haber sido atropellado por una aspiradora de alfombras cuando era niño" tiene más sentido para ella / él que su comportamiento. Cuando esto no tiene sentido, ella / él se dirige al único otro lugar que tiene sentido -a sí misma/o-. Que es exactamente lo que Troncón hizo aquí:

Entonces ella se preguntó si, en efecto, era demasiado sensible y se estaba volviendo loca de la nada.

Troncón le da la vuelta en su propia mente para que sea su culpa. Esto es probablemente un reflejo del comportamiento de 'supervivencia' que aprendió en la infancia en un esfuerzo por calmar la ira de un padre abusivo, y así, mantenerse a salvo del mismo.

Simplemente ya no lo sabía. Si fuese realmente honesta consigo misma, sabía que había descuidado su cuerpo en los últimos años...h asta el punto de que él ya no se sienta atraído por ella.

Muy triste... ¿Ves lo rápido que Troncón le da la vuelta a todo y se culpa a sí misma? Una de las razones por las que las víctimas hacen esto es porque inconscientemente tratan de recuperar el control de sus vidas y de los perpetuos problemas que hay en ellas, y tratan de asumir la responsabilidad personal de encontrar una manera de remediarlo. Esto es admirable, pero por supuesto, inútil.

¿Quizás esta es la manera de Muchacho de intentar dejar caer sutilmente la indirecta? Ella decidió perdonarle el error.

Racionalización -para llenar la brecha de la DisCog-: Troncón reduce los insultos abusivos y perjudiciales y la falta de empatía de Muchacho a un 'error'.

Probablemente él tenía razón: ella no necesitaba tomar su comentario tan personal.

¡Incorrecto, Troncón! ¡Probablemente él se equivocó! Troncón continúa creyendo en la ignorancia fingida de Muchacho. Típicamente, la víctima se auto-reflexiona y genuinamente trata de ver su papel en el 'malentendido'. Aunque normalmente es una práctica saludable, en las relaciones narcisistas, la víctima es la ÚNICA que hace la auto-reflexión y esfuerzo para llegar a un mejor entendimiento con la pareja. Los narcisistas son incapaces de auto-reflexión en un argumento -porque, literalmente, no hay un yo para reflexionar-.

Un minuto después, Muchacho se puso de pie. "Necesito usar el inodoro, Troncón. ¿Puedes darme uno?"

Algunos narcisistas (ciertamente no todos) se salen de los límites personales al discutir demasiado las funciones corporales. Esta es una afirmación bastante suave de Muchacho, y hasta donde yo llego en este libro con este concepto. Sin embargo, entiende que puedes estar tratando con un narcisista si él te cuenta todos los detalles sórdidos de todas las cosas grotescas de su cuerpo físico. Mucho de esto es para sorprender, seguido de fingir que esto es normal. Sabrás cuán grande, cuán largo, cuán maloliente su excremento es y si flota o no. Hablará de llagas supurantes, hongos en las uñas de los pies y de la tiña inguinal. O se rascará delante de ti, luego irá a comer sin lavarse las manos... y te dirá, "¡Suenas como mi madre!" cuando se lo señales. El nivel de 'asqueroso' puede alcanzar niveles inimaginables. El antídoto para esto es el amor propio y los estándares (silenciosos), que se traducen en poner efectivos límites saludables en la relación.

"Muchacho, no tengo un inodoro. Soy un troncón de árbol."

Debido a su grandiosidad, Muchacho cree que todo el mundo debe atender a todos sus caprichos, impulsos y deseos. También ve que no hay nada de malo en señalar los defectos de los demás, que por cierto, casi siempre son sus propias proyecciones. Porque no asume la responsabilidad de encontrar su propio inodoro… mientras está en el bosque… visitando un troncón de árbol, proyecta su propia ineptitud sobre ella. Cuidado con esto: a los narcisistas les encanta crear situaciones imposibles como esta para ver a qué altura pueden hacer *saltar* a sus víctimas.

Troncón se sintió avergonzada por no tener un inodoro. "Lo siento, Muchacho. Desearía poder ser mejor para ti…" Sabía que Muchacho se preparaba a irse y ella pasaría muchos días solitarios esperando su regreso. Pero no tenía idea de cómo hacer que se quedara… o de cómo darle algo que ella no tenía.

"Tengo que caminar una milla y media para llevar a los cafés al súper tazón, Troncón. Si quieres que te visite más a menudo, necesitas tener un inodoro." Empezó a caminar alejándose.

Muchacho martillea con el ultimátum imposible que acaba de ponerle a Troncón para que le proporcione un inodoro. Luego usa el mismo 'defecto' de ella como excusa para no visitarla.

"¡Muchacho, espera!" Troncón gritó.

"¿Y ahora qué, Troncón?"

"Mm… Yo… eh…" Troncón tartamudeó. "Bueno, Muchacho, tal vez tú… puedas esculpirme en un inodoro.

Troncón está tan desesperada por saciar esta necesidad de Muchacho -de convertirse, de engendrar, de producir algo que simplemente ella no es o no puede- que sacrifica voluntariamente lo poco que queda de sí misma. Los árboles no son para convertirse en inodoros. Pero esta verdad de su existencia no la va a detener para convertirse en uno. Muchacho se ha convertido en su Dios. Muchacho reemplaza la verdad incluso de la Madre Naturaleza.

Muchacho miró a Troncón con incredulidad. Su silencio la ponía nerviosa.

Todo lo que Muchacho hace la pone nerviosa... Sus 'nervios' se desencadenan por un instinto primitivo porque... ¡Hola! ¡Él es peligroso!

"Quiero decir... eh...", tartamudeó. "Si quieres, entonces no tendrías que caminar tanto para usar el inodoro."

Tartamudeando por su aprobación... aún. Triste.

Muchacho se llevó la mano a la barbilla y contempló la extraña propuesta de Troncón. Aunque no fue su idea, sintió una excitación que ella no le había ocasionado en mucho tiempo.

Al igual que una adicción a las drogas, es excitante para un narcisista tener oportunidades de obtener suministro narcisista de sus víctimas. Las víctimas confunden esta excitación como la conexión y el amor reavivado del narcisista.

La primera vez que sintió esta emoción primitiva fue cuando ella le dejó tomar sus manzanas... después de su "¡oh, ay, Árbol! ¡No tengo nada de...dinero!" Él pensó cuán afortunado era. Pero después, ella dejó que él tomara sus ramas... lo que fue realmente estúpido darle después de su historia de "oh, ay... no tengo casa, Troncón".

Esa emoción sólo fue para pretender "¡Oh, Árbol! ¡Estoy tan triste! Necesito irme... ¡en un barco!" y ella lo dejó cortar su tronco -un tronco que le llevó 25 años crecer- sólo para que él pudiera destruirlo contra una roca la primera vez que él y Stella lo usaron para navegar. ¡JA! Estúpida muchacha.

Los narcisistas se excitan al dañar a los demás. De nuevo, esto no tiene sentido para ti y para mí. Pero los narcisistas no operan con realidades normales, racionales y empáticas. Si aún no te queda claro, no son humanos normales con un pensamiento normal. La única meta de un narcisista en la vida es mantener el grandioso y falso yo. Lo hace destruyendo a los demás, para poder sentirse comparativamente superior. Por eso es que son mentirosos, destructivos y peligrosos a propósito.

Troncón le acababa de dar un boleto dorado para la emoción del siglo. Toda esta propuesta de "puedes convertirme en un inodoro" fue horrible, cruel y repugnante... ¡y demasiado buena para dejarla pasar! "Bueno... ¡cállate, mi pequeña tarta de manzana! ¡Esa es realmente una gran idea!"

"¿Lo... lo es?"

"¡Sí! ¡Lo es!" Muchacho sacó su navaja de bolsillo. *"¡Eres brillante! ¡Es una muy, muy buena idea!"*

Lanzarle una migaja de pan a través del cumplido "Eres brillante", es una manipulación a propósito aquí.

"Bueno..." pero Troncón de pronto ya no estaba segura de ello.

Aquí vemos otro ejemplo de disonancia cognitiva. Este es el mismo proceso de auto-degradación que causa que alguien voluntariamente 'sacrifique' una parte (o todo) de sí mismo/a por alguien mas. Ahora, aquí es donde se pone raro. En el caso de Troncón, sus pensamientos / fuerzas conflictivas de disonancia cognitiva son:

1) "Quiero complacer a Muchacho, y así obtener el amor y la aprobación que anhelo de él. (Esto, recuerda, se debe a sus heridas de la infancia y es completamente subconsciente.) Para hacer esto, necesito dejar que me esculpa en un inodoro."

2) "¡No quiero que me esculpa en un inodoro! ¡¿Quééé?!" Obviamente va en contra del instinto de supervivencia de Troncón y de la LÓGICA permitir que alguien le saque las tripas con un cuchillo sin filo... para que pueda ser convertida en un inodoro... para satisfacer una 'necesidad' inventada por él.

¿Qué 'fuerza' ganará esta guerra interna? Pensarías que será la #2. Sin embargo, la #1 nace de su profunda herida, tejida en su instinto de supervivencia en primer lugar... lo que significa que perversamente 'engaña' (dicho) instinto de supervivencia para dominar el peligro real y presente -Muchacho de pie allí con su cuchillo en la mano-.

Para transformar esta devastadora disonancia cognitiva, Troncón debe primero ser consciente de lo que realmente está pasando: que sus sistemas neurológico, biológico y hormonal han sido engañados en nombre de Muchacho. Necesita hacer el trabajo interno para identificar, sanar y transformar su herida. De esta manera, ella puede recordar quién es realmente y volver a ser quien realmente es -un ser integrado, congruente, que se respeta a sí mismo y centrado que está alineado con el VERDADERO amor incondicional-. Estando en ese espacio, permitir el abuso despiadado e insensible de Muchacho sería imposible. Y ciertamente, permitirle que la esculpa en lo que fuese sería inconcebible.

"Troncón, si te esculpo en un inodoro, podría visitarte todos los días", dijo Muchacho con suavidad y seguridad.

Fíjate en cómo él la manipula en su deseo más profundo, que siempre está relacionado con su herida, para ganarse su confianza.

"¿Podrías?" Preguntó Troncón, sorprendida por la repentina amabilidad de Muchacho. "¿Todos los días?"

Pura manipulación...

"¡Sí! Porque no tendría que ir a la ciudad para usarlo."

Troncón quería, más que nada, creerle. Muchacho había dejado de visitarla todos los días hace mucho, mucho tiempo. ¿Podría este inconveniente sobre el inodoro ser la causa de que Muchacho se mantuviese alejado de ella?

En el fondo, Troncón no creía que Muchacho realmente la visitara todos los días, incluso si ella lo dejaba esculpirla en un inodoro. Pero estaba tan desesperada que incluso se conformaba con una visita de él una vez a la semana, después de un seis de cervezas, a las dos de la mañana. Pero incluso eso parecía pedirle mucho a Muchacho.

Este párrafo muestra cómo Muchacho ha desgastado los estándares de Troncón. Muchas mujeres (y Muchachos) en el mundo de hoy sufren de la misma manera. Sucumben a la manipulación perjudicial y cambiante de la vida… de pura desesperación por la aprobación.

Sin embargo, Muchacho ya era mayor. Ciertamente, en este punto de su vida, él sabía que no había otra mujer viva que lo amara tan profundamente como ella. Seguramente sabía que la vida sin amor no valía la pena vivirla. Seguramente sabía que Troncón era lo MEJOR que le había pasado. ¿En dónde más él iba a encontrar a alguien la mitad de generosa, amable y cariñosa de lo que era ella?

Tristemente, Troncón sigue intentando convencerse de que Muchacho la ama y la aprecia. Ella analiza, compara, crea suposiciones, y esencialmente, en esfuerzos por atender sus heridas originales, ocupa cada uno de los caminos neuronales de su cerebro tratando de concebir un plan para ayudarlo a transformarse mágicamente en el Muchacho de sus sueños. Y por supuesto, él nunca será ese Muchacho.

A Muchacho le encantaba tener control sobre Troncón. Podía manipularla para que hiciera cualquier cosa. Últimamente, se había vuelto aburrida; quedaba muy poco qué explotar en ella, y por lo tanto muy poco para alimentar su alma. ¿Pero esto? ¿Literalmente esculpirla en un inodoro? Estaba muy excitado sólo de pensarlo. ¡Espera a que los chicos de la "Taberna Tetas Tiesas" se enteren de esto!

Tristemente, no es sólo el juego de apuesta lo que absorbe el dinero y los recursos de Muchacho, sino también los clubs de bailarinas desnudas, la pornografía y todas las cosas sexuales. Este es un destino común y triste para muchos (aunque no para todos) narcisistas. ¿Por qué? El falso yo de Muchacho es su única identidad. Nada en sí mismo se observa con un locus interno de control. Esto significa que SÓLO se identifica a sí mismo a través de su entorno externo. Por lo tanto, la única forma en que puede relacionarse con las mujeres es tratándolas como objetos. ¿Tiene pechos bonitos? ¿Un trasero bonito? ¿Cómo es su cara? ¿Pondrá celosa a mi amiga? ¿Hará que mi pene se ponga duro? ¿Puede excitarme lo suficiente? ¿Tiene dinero? ¿Prestigio? ¿Me hará quedar bien?

Esto NO es una exageración. Es honestamente como un narcisista ve a las mujeres, y como 'mide' el valor de una mujer. Su vida romántica no es más que la desesperación por llenar el vacío dentro de él. Muchacho no tiene conexión con su corazón, no entiende el verdadero amor, o reverencia por cualquier otra cualidad aparte de la belleza física, el dinero, el placer hedonista, y el prestigio. Cualidades como la compasión, la inteligencia, la bondad, y la integridad son todas reemplazables, explotables, estúpidas debilidades que no tienen nada que ver con sus parejas románticas. Por eso, un narcisista a veces va a los clubs de bailarinas desnudas en busca de la perfección física, y paga mucho dinero a mujeres que están a la altura de sus ideales irreales. Expresará repulsión y desdén por las mujeres que no están a la altura de esos ideales. Todo esto es un reflejo de su propio vacío profundo y penetrante.

Troncón entonces vio la navaja en la mano de Muchacho. Se estremeció. "Eh Muchacho, no tienes intención de usar esa navaja pequeña y sin filo para esculpirme, ¿verdad? Me dolería mucho."

Ahh, mierda. Él estaba esperando esculpirla lentamente con un cuchillo sin filo. No estaba acostumbrado a que ella se resistiese. ¡Oh querido Muchacho! Es hora de subir la apuesta.

"¡Oh, vamos, nena! No será doloroso. Seré cuidadoso."

Humillando, minimizando y justificando. En lugar de sentir compasión genuina o preocupación por Troncón y el dolor que podría sentir, el enfoque de Muchacho es: "¿Cómo me salgo con la mía?"

"No, Muchacho... necesitas usar un cuchillo mejor."

Aunque Troncón normalmente no se defendía, este era un problema evidente. Sin embargo, a medida que la historia continúa, observamos el proceso de Muchacho usando la compasión de Troncón y su profundo deseo de aprobación, en contra de ella, y así hacerla ceder.

Muchacho estaba molesto. ¡No tenía un cuchillo mejor! No con él. ¿Cómo se atreve ella a molestarlo?

No importa el hecho de que su plan de esculpirla en un inodoro pudiese realmente molestarla. (Este proceso de pensamiento es completamente racional para el narcisista, por cierto.)

Por suerte, él sabía cómo hacer que ella se decidiera en su favor. El comportamiento de Muchacho cambió repentinamente a forma solemne. "Troncón tengo algo que confesar."

Aquí vamos...

"¿Qué?" Troncón tenía curiosidad. "¿Qué es?"

"Entiendo por qué no quieres que use este cuchillo sin filo. Aunque, es el que me dio mi abuelo de la Guerra Civil... justo... justo antes de morir." Muchacho se limpió una lágrima imaginaria de su ojo.

Él provoca lástima, a través de un sentimiento superficial, y con casi afirmaciones coloquiales que tienden a tener cualidades 'arrolladoras' como esta. En este ejemplo, Muchacho al decir, "... el que mi abuelo me dio de la Guerra Civil justo antes de morir" no es algo que pueda ser fácilmente desafiado o desacreditado sin parecer como un imbécil sin corazón. Este es un problema para los empáticos y co-dependientes que se elevan con la aprobación de los demás. Un narcisista usa estas tácticas para obtener la empatía de la víctima y así poder obtener el resultado deseado.

¿Eh? Esta fue una confesión muy extraña por parte de Muchacho. "¿En serio?" Salvo desde el comienzo de su relación, Troncón nunca oyó ni vio en Muchacho ninguna forma de compasión o tristeza. <Inserta música de la zona del crepúsculo aquí.>

"Sí, mi amor. Sé lo que es tener un dolor así en el estómago."

Aquí vemos un ejemplo de acto de aspirar, tratando de jalarla para poder volver a engancharla. También prepara su gancho para relacionarse con el miedo de Troncón al dolor por tener el vientre esculpido con una navaja sin filo.

"Oh..." El corazón de Troncón se estremeció de placer al oírle llamarla "mi amor". Casi se desmaya de la emoción...

Y se ha reenganchado. No tiene ni idea de lo fácil que él juega con ella. Toma en cuenta: él hace TODA esta manipulación para lograr su objetivo final -que es ser capaz de esculpirla con su cuchillo sin filo-.

"Verás, la razón por la que no he podido visitarte mucho es porque tengo síndrome de intestino irritable. Me lo diagnosticaron hace años, y bueno, necesito estar muy cerca del baño todo el tiempo, o las cosas podrían ponerse feas."

"¡Oh no! ¡Muchacho, siento mucho oír esto!"

Yo llamo a esto 'desviación inversa'. Muchacho consigue desviar la atención de la preocupación de Troncón, por su navaja sin filo, hacia su enfermedad (fabricada). El hecho de que su enfermedad pueda esencialmente 'reflejar' el dolor que Troncón sentirá al tener su vientre esculpido no es una coincidencia.

¡Genial! ¡Se lo está creyendo! "Sí. Mi... mm... mi estómago me duele mucho. Estoy tan avergonzado que no quería decírtelo... porque... porque no quería que te desenamoraras de mí..." Muchacho se las arregló para tener lágrimas de verdad en sus ojos.

Aquí, Muchacho está reflejando los temores de Troncón. "No quería que te desenamoraras de mí" es un camino directo a la psique de Troncón -que le traerá un aluvión de empatía y emociones 'buenas'-, lo que al final hará que ella decida dejar que él la esculpa con una navaja de bolsillo sin filo.

"¡Oh! ¡Muchacho! ¡No! ¡Nunca pienses así! ¡Puedes decirme cualquier cosa!"

Sí, ella le creyó el cuento... como se predijo. * Bostezo *

Se quitó las gafas y las dejó con su navaja a un lado de Troncón. "¿Me los sostienes, nena?" Preguntó con voz temblorosa.

Todo actuando... y sí, los narcisistas se vuelven muy hábiles para imitar las emociones y saber qué decir para volver a someter a una víctima.

"Por supuesto, Muchacho..." A Troncón no le gustaba ver llorar a Muchacho. Pero estaba encantada de que finalmente él desahogara su dolor emocional. Él estaba tan triste por dentro. "Desahógate, Muchacho. Estoy aquí para ti."

Troncón adopta inmediatamente el papel de cariñosa excesiva, complaciente... patética, pálida y predecible. ¡Ayyy!

Sacó un pañuelo y lloró en él. Se limpió los ojos y se sonó la nariz. "¡Oh, Troncón! ¡Eres tan comprensiva, amable y cariñosa!"

Aquí él está diciéndole todas las palabras que ella ha estado anhelando escuchar. Muchacho sabe dónde está Troncón 'hambrienta' emocionalmente, y ejerce este conocimiento para adaptarlo a sus engaños. Él SABE que el verla como 'comprensiva y amorosa' es muy importante para ella. Ella le ha dejado cortar todas las partes de ella misma tratando de probárselo. Él se ha negado firmemente a decirle estas palabras... hasta ahora. Ahora, sin embargo, las está usando como palanca para su juego final.

¡Importante! Como Troncón está virtualmente hambrienta de reconocimiento, amor y atención de Muchacho, sus palabras se sienten genuinas y verdaderas. Su instinto de supervivencia (¡ADVERTENCIA! ¡ADVERTENCIA! ¡No dejes que un Muchacho loco con un cuchillo sin filo te convierta en un inodoro!) se ahoga en su marea de 'alegría' -que es una oportunidad de saciar su dolor emocional subconsciente de décadas de memoria de no tener nunca el amor que ha anhelado toda su vida-.

Sollozó en su pañuelo durante un buen minuto antes de mirar por encima para asegurarse de que ella estuviese atenta a él. Sí, sí... así fue. ¡Perfecto!

Todo lo que un narcisista hace, todo lo que piensa, cada movimiento que hace es para asegurarse y conseguir suministros narcisistas. Los corderos sacrificados como Troncón son fáciles de manipular porque sus motivadores principales son evitar la culpa y buscar el amor.

Apartó el pañuelo de su cara y le dio la sonrisa más patética que pudo hacer.

Esto es importante. Los narcisistas son maestros absolutos en la imitación de las emociones humanas. Sin embargo, hay signos reveladores de que estas emociones son fabricadas. Dar un vistazo para saber si alguien está prestando atención es una señal. Veremos otra en un momento.

Ella le devolvió una suave sonrisa. Él se agachó y puso una mano en la madera fuerte, suave y hermosa de

Troncón y la frotó sensualmente. "Eres increíble, nena..." dijo. Obviamente estaba muy conmovido por su apoyo amoroso.

Muchacho saca todo lo que puede aquí: su toque -por el cual ella también está hambrienta-, más de su suave sollozo, y los cumplidos hábilmente dados la manipulan. ¡Una de las actuaciones más estelares de Muchacho aquí! Nota: volviendo a la parte de los autistas; una persona autista nunca sería capaz (o incluso desearía) calcular rápidamente estas acciones y palabras necesarias para manipular su objetivo. La parte de consciencia social no está lo suficientemente desarrollada en los individuos autistas. Con los narcisistas, ESTÁ ahí pero se usa 'según sea necesario' para beneficiar su grandioso y falso yo.

Troncón sintió derretirse por la inesperada caricia y toque de Muchacho. Él tenía una forma de asegurarle que todo estaría bien... con sólo tocar su mano.

De nuevo - esta 'seguridad' que siente es la inundación de su propia memoria emocional interna siendo finalmente, después de tanto tiempo, saciada. El siguiente proceso de pensamiento interno derrama todo su efusivo, adulador y patético anhelo de cuento de hadas... junto con un montón de racionalizaciones para el horrible comportamiento de él.

¡Oh, cómo lo había extrañado! ¡Oh, cómo deseaba hacerlo feliz! ¡Ella no podía CREER que él se había mantenido alejado por su tonta vergüenza! Aunque ella estaba triste porque él estaba enfermo, Troncón se sintió contenta de tener finalmente algunas respuestas de por qué Muchacho se resistía tanto a tener una relación sana con ella.

Fíjate cómo todos los horrores previos del día se olvidan repentinamente -se lanzan al viento y ella cae completamente y abraza este 'amor' que ella siente por Muchacho.

Troncón sabía que la enfermedad física estaba relacionada con emociones no procesadas en el cuerpo. Muchacho probablemente tenía emociones atrapadas en sus intestinos -también conocido como enfermedad- por los terribles problemas de estómago que experimentó cuando era niño. Su familia no tenía electricidad. Todo lo que él y su familia tenían para comer era jaca y jalapeños y tenían que 'encender sus pedos en el fuego' para calentarse.

Un narcisista dirá historias locas de "ay pobre de mí" para obtener lástima y manipular a una víctima.

¡¡Pooobre Muchacho!! ¡Pobre triste, indefenso, enfermo, avergonzado y quebrantado, Muchacho! ¿Cómo se atreve a ocasionarle tantas lágrimas por usar un cuchillo sin filo para esculpirla? ¡¿Después de todo por lo que él ha pasado?! Estaba decidida a mostrarle a Muchacho cuánto lo amaba, y cuán tolerante y comprensiva era realmente. "Muchacho, lamento que hayas sentido que no podías confiar en mí."

¡Uy! ¡Ahí está!

"Bueno..." Muchacho sonó su nariz y se limpió los ojos. "Tú a veces ere una zorra insoportable..."

Muchacho no puede resistir la oportunidad de un golpe profundo -en un momento en que sabe que ella estará menos posicionada para discutir- debido a su representación (de él) de una tristeza abrumadora. Como el corazón de Troncón está abierto en este momento 'tierno', las sugerencias, insultos y comentarios abrasivos de Muchacho entran mucho más profundamente -psicológicamente hablando- de lo normal.

Troncón se sorprendió al escuchar esto. Muchacho debe haberlo dicho sin pensar. "¡Muchacho! Sé que estás disgustado, pero no puedes decirme cosas así."

"¿Qué? ¿Qué dije?" Muchacho miró a Toncón con ojos llorosos y confusos.

"Ya sabes. La palabra con 'z'."

"Oh, ¿zorra? Oh, no es una mala palabra, nena." *Sollozo* Eso... sólo significa una mujer que no puede entender el pensamiento normal. Eso es todo lo que quise decir, nena. En realidad no te estaba llamando así."

Los narcisistas minimizan, tuercen y rebajan los insultos más abominables como este e intentan hacer creer a la víctima que 'no están mal intencionados'. Esto sirve en sus esfuerzos de búsqueda de emociones para superar, manipular y devorar a su víctima de cualquier y de todas formas. Si él puede hacer que ella acepte que es, en efecto, una 'zorra', ella le entrega esa parte de su alma, que él devora rápidamente. Poco a poco, la acostumbra a insultos horribles, y puede repartirlos cuando a él le apetezca. Eventualmente, ella simplemente aceptará cualquier insulto, sin ni siquiera un gemido.

Además, el decirle a Troncón que "no puede entender el pensamiento normal" -especialmente para racionalizar su horrible insulto- es un ejemplo de una táctica de capas que los narcisistas usan para herir gravemente. Tal enfoque requiere una dedicación extra a la ignorancia fingida. Juegos, anidados en juegos, anidados en juegos. La única manera de 'ganar' este juego es a través de la consciencia, el respeto a sí mismo/a, y distanciarse de una persona que se comporta de esta manera... e ir dentro sí mismo/a y sanar la parte que está resonando con tal maltrato.

Lo que tú NO quieres hacer es exactamente lo que hizo Troncón: trató de razonar con él. Observa:

"Aún así, no está bien que me digas eso. Y sí puedo entender el pensamiento normal. Tú a veces no eres muy justo."

"Nena, sabes que no entiendes la lógica la mayoría de las veces, pero... pero te amo de todas formas." Muchacho se llevó su pañuelo a la cara y lloró suavemente mientras hablaba.

Aquí, Muchacho empareja su manipulación con "Te amo de todas formas" -palabras que Troncón lleva mucho tiempo deseando escuchar de él-. En lugar de decirlas auténticamente, usa el "Te amo" como una manipulación para lograr su morboso objetivo de hacer que acepte la creencia de que es una 'zorra'. Mientras que es extremadamente sutil, la frase de Muchacho aquí tiene un propósito y está destinada a desarmarla, distraerla y, en última instancia, ganarle con la idea de que llamarla 'zorra' es completamente aceptable. Sus lágrimas fingidas la desarman aún más.

"Es sólo que... este síndrome de intestino irritable me ha afectado mucho últimamente... y no pareces muy paciente conmigo al respecto. Y nuestro maldito presidente es un imbécil, y no entiendes la presión a la que estoy sometido para funcionar día a día. Por favor, no me grites, nena. No puedo soportarlo. No hoy. Simplemente no puedo soportarlo!"

Excusas, desviación y manipulación emocional. Bum, bum y bum. Ella cede. Además, observa que, incluso con toda esta emoción, Muchacho no se disculpa. Cuando los narcisistas SÍ se disculpan, es cuando están de espaldas a la pared y corren el riesgo de perder una fuente de suministro. Las disculpas se convierten en parte de sus esfuerzos de 'aspirar'. Las disculpas de los narcisistas son más bien disculpas sin sentimientos, dichas con una falsa (aunque convincente) convicción y a veces van acompañadas de ternura, afecto, regalos y promesas de 'ser mejor' o 'esforzarse más'. La empática cede, sin tener idea del nivel de desviación que está presenciando, y disfruta de la euforia temporal de la ilusión de volver a conectarse con él. Una vez que ella es reenganchada, él vuelve a usar su sombrero de "*mamón*".

Espera... ¿qué? ¿Cómo pasó la conversación de hablar de la palabra con 'z' a hablar del presidente? ¡Troncón estaba tan confundida ahora!

La razón por la que Troncón está tan confundida es porque Muchacho está usando la ensalada de palabras, la desviación, la manipulación emocional y la ignorancia fingida para evitar eficazmente 'el argumento de la palabra con z'. Así, su legítima preocupación por su insulto degradante (llamándola "zorra insoportable") queda completamente enterrada en su locura. Sin una comprensión del abuso mental encubierto, esta conversación confundiría a casi cualquier ser humano normal. Tu liberación de su manía llega cuando tú te desvinculas con éxito de él, te alejas de cualquier esperanza de 'cierre' con él, y sanas tu propia herida emocional que lo atrae hacia ti en primer lugar. Es un proceso...

"Muchacho, sé que estás molesto. Pero realmente heriste mis sentimientos."

"¿Cómo?"

"Porque me llamaste esa palabra con 'z'. Me gustaría que me pidieras una disculpa, Muchacho."

"No voy a disculparme por algo que malinterpretaste." Muchacho seguía sollozando, dejando claro que él era el herido en la ecuación. "No hice nada malo, nena."

Los narcisistas rara vez se disculpan. Cuando lo hacen, suele ser porque intentan obtener algo de una víctima o ganarse su confianza.

Troncón se sintió enferma. Se sentía enojada. ¿Cómo podía discutir con su nivel de negación e ignorancia, especialmente con él llorando de esa forma? No podía. Había aprendido muchas veces: discutir con Muchacho no vale la pena.

Fíjate en la disonancia cognitiva: se da cuenta de que discutir con Muchacho no vale la pena. Pero en lugar de dejar la relación, se queda, y espera que él de alguna manera 'entienda'. Obviamente, esto nunca sucede.

Sin embargo, no todo estaba perdido. Se había hecho increíblemente fuerte por todo el amor y el perdón injustificado que le había dado a Muchacho a lo largo de los años. Cuando lo vio de esta manera, Muchacho fue uno de los mayores contribuyentes a su crecimiento espiritual. #almagemela.

Aquí la observamos racionalizando para llenar su -mencionado anteriormente- brecha de DisCog. Vemos este tipo de racionalización todo el tiempo en los entornos espirituales actuales. Entiende esto: un 'alma gemela' que usa sombrero de *mamón* necesita ser tratada como tal. En ninguna parte de las verdaderas escrituras espirituales o escritos de luz dice que debemos entregar nuestras almas por el comportamiento perjudicial de otro que sirve a su ego. De nuevo, muchos co-dependientes se pondrán la etiqueta de 'amor incondicional' y permitirán (y por lo tanto, alentarán) acciones malvadas de narcisistas como esta. Tristemente, siempre se sorprenden por la devastación profunda que esto conlleva.

Además, ¡obviamente no era el momento de discutir con Muchacho!

¡Este es el momento perfecto para discutir con Muchacho! ¡Es el momento perfecto para decirle que NO! Tristemente, Troncón cree que el funcionamiento mental de Muchacho es normal. No puede comprender su nivel de patología. De esta manera, las víctimas pueden realmente hacerse un acto de luz de gas a sí mismas. Esto les permite continuar con su vínculo con el narcisista, y atender sus heridas emocionales no reconocidas que demandan toda su energía, tiempo y concentración. Lo hacen junto con la consciencia de que algo está muy mal en la relación.

Finalmente él estaba mostrando su lado vulnerable, y ella no quería que una tonta riña lo arruinara. Así que dejó pasar su horrible comentario, aceptó la disculpa que nunca recibiría, y se centró en las cosas buenas que estaban pasando aquí y ahora entre ellos. Muchacho seguía llorando; ¡claramente como manifestación de su desahogo emocional!

No es real. Como las ilusiones ópticas que el Muchacho detrás de la cortina fabricó en El Mago de Oz, ninguna de las emociones de Muchacho es real. Esto es inmensurable para Troncón, porque nada en su cerebro tiene el (consciente) conocimiento de que otra persona pueda ser tan desviada. Sin embargo, dado que su propia memoria emocional dirige el espectáculo, está en la perpetua búsqueda de su aprobación, afecto y amor.

Por supuesto, Troncón, siendo el amoroso ángel terrenal que era capaz de perdonarlo todo, sabía que tenía que hacer lo mejor para la relación. "Lo siento, Muchacho, si he sido insensible a tus necesidades."

'Hacer lo mejor para la relación' es un objetivo mal definido que Troncón ha creado para continuar su adicción a Muchacho. En esencia, todo lo que es bueno para el narcisista es malo para la víctima.

"Sólo estoy haciendo lo mejor que puedo, nena..."

Esta es una mentira traicionera en su esplendor...

Muchacho continuó sollozando en su pañuelo. "Todo lo que pido es un inodoro para poder visitarte más a menudo. Te amo, nena. Te amo. ¡Necesito verte más a menudo! Mi vida no funciona sin ti. ¿Podemos al menos estar de acuerdo en esto?"

Fíjate en cómo minimiza sus intenciones con "Todo lo que pido es un inodoro" como si Troncón fuese terriblemente egoísta al negarle una petición tan simple. Este magistral juego de desviación por parte de Muchacho tiene éxito una vez más con su falsa declaración de "Te amo". (¡Cosas espeluznantes, queridos lectores!)

Troncón, también, estaba abrumada por la emoción. ¡No tenía ni idea de que Muchacho la amara tanto! Al escuchar sus dulces palabras, sintió una alegría inmensa y la claridad de saber que ella y Muchacho estaban destinados a estar juntos.

A estas alturas ya sabes la fuente de su 'alegría'. Su herida emocional estaba siendo saciada a través de las palabras y acciones amables de Muchacho.

Tomó su decisión. "¡Sí! ¡Sí, mi amado Muchacho!"

(Sólo en caso de que te preguntes cómo es una decisión emocional…)

Ella susurró amorosamente. "Por supuesto que puedes esculpirme en un inodoro con tu navaja sin filo de tu abuelo, si significa tanto para ti."

"Sí Troncón, significaría mucho para mí." Muchacho sollozó suavemente. "Te he extrañado mucho, Troncón, y si podemos hacer esto, te visitaré todos los días." Muchacho estaba impresionado con su capacidad de actuación. "¡Lo prometo!"

"Eso será maravilloso, Muchacho. ¡De acuerdo! ¡Hagámoslo!"

"¡Esa es mi chica!" Muchacho exclamó. La frotó con amor. Luego... sus lágrimas se secaron milagrosamente. Las expresiones de tristeza se transformaron misteriosamente en indiferencia fría. Su comportamiento conmovedor y amoroso se detuvo abruptamente. Se levantó, se puso las gafas y metió su pañuelo en el bolsillo de su abrigo.

Aquí vemos más signos reveladores de las emociones inventadas de Muchacho. Errores emocionales incongruentes que hacen que una persona normal diga "¿Ehhh? Espera..." Las lágrimas de Muchacho se secan de repente y abandona abruptamente su desbordante y sincero diálogo, lo cual no ocurre con adultos normales. Simplemente no sucede. Niños, sí. Los períodos de narcisismo en los niños son parte del proceso de desarrollo de la individuación. Pero si este comportamiento está ocurriendo en un adulto, no lo ignores ni lo minimices. Te está diciendo algo.

En seguida, empezó por tomar medidas de Troncón, contemplando la mejor manera de llevar a cabo este nuevo y emocionante proyecto de trabajo en madera. Luego con su garganta hizo un fuerte ruido al pasar la flema de su llanto, y con un toque dramático, escupió la enorme flema justo al lado de ella. Aterrizó en una de sus raíces. Se sintió repugnante, pero Troncón permaneció en silencio, tratando en secreto de aferrarse a la euforia de saber que ella y Muchacho eran el uno para el otro.

Muchacho no puede resistirse a dar un asalto deliberado. Un narcisista hará cosas así después de los intercambios emocionales para mantener a su víctima fuera de balance, confundida, degradada y controlada.

Se arrodilló junto a Troncón y pasó su mano por las partes suaves y planas de ella. "¡¡Oh, sii!!" Muchacho siseó. Troncón se estremeció. Su humor fue de repente... agresivamente eufórico... lo que no tenía sentido para ella.

Una sensación de euforia agresiva es una pista extremadamente sutil de que la persona está alimentando su 'adicción' de infligir daño a otro. Si piensas en ello, reconocerás la presencia de esta sutil pista en tu abusador. Demasiado espeluznante. No seas tímida/o para decir "NO, esto no se siente bien..." si alguna vez te encuentras en una situación así.

Troncón sintió un extraño escalofrío. De repente sintió un profundo miedo, con la clara conciencia de que esto era en realidad una muy mala idea. ¿Pero qué debería hacer? Ya había aceptado. Si detuviese a Muchacho ahora, él se enfadaría mucho, ¡y probablemente no lo volvería a ver!

No confundas 'ignorar lo obvio' con 'pensamiento positivo'.

Empezó a cantar 'om' en silencio para calmar sus nervios: algo que aprendió a hacer en su círculo de sanación dominical. Oooommm... oooommmm... oommmm... y se forzó a sí misma a pensar sólo pensamientos positivos y edificantes. "Esto es lo menos que puedo hacer por nuestra relación. Ommmm... Muchacho no necesitaba decirme acerca de su síndrome de intestino irritable, ¡pero lo hizo! Oooommm... ¡Debe haber sido difícil para él! Ooommmm... Nos amamos el uno al otro. Todo esto es para mejorar la relación Ooooommmm..."

La práctica espiritual no es para encubrir el abuso o situaciones peligrosas con el fin de hacerte 'aceptarlo' o estar 'obligado' con un abusador. Hay un montón de calistenia mental aquí con los esfuerzos de Troncón para silenciar su muy normal y muy precisa respuesta biológica de miedo. Lo que realmente necesita hacer es decir: "¡NO! ¡No estoy de acuerdo con esto! ¡Vete, Muchacho!" Pero, como podemos ver, ella está demasiado asustada por su reacción y que podría no volver a verlo nunca más. Como saben, esto se debe a su memoria emocional no reconocida y traumada.

Además, si no se te ha ocurrido todavía, Muchacho no tiene IBS (Síndrome de Intestino Irritable). Tiene SMM: Síndrome de Mierda Manipulativa. Todo lo que hace y dice es para manipular a Troncón para que renuncie a su energía de fuerza vital, su resolución, su autoestima y su alma.

Muchacho raspó su cuchillo en la superficie plana de ella. Troncón hizo una mueca de dolor. "¡Oh! ¿Estás bien, cariño?" Masajeó suave y sensualmente el área que raspó.

"Cariño…" ¡mi trasero! ¡Despierta, Troncón! ¡Despierta!

"Sí, Muchacho. Estoy bien." Troncón sonrió por dentro. ¡La llamó "cariño"! Su suave toque se sentía tan genuino y dulce; no había nada parecido en el mundo. Mientras su corazón se abría a los afectos de él, su miedo disminuyó. Troncón se dio cuenta de que sus dudas acerca de ser convertida en un inodoro con una navaja sin filo de bolsillo eran ¡RIDÍCULAS!

¡Muuuy ridículas, Troncón! ¡Fiiiuuu! ¡Esquivaste esa bala! De nuevo, estamos siendo testigos del poder de las heridas de la memoria emocional y cómo pueden engañar la lógica de la víctima, su instinto de supervivencia y su vida entera.

Perdonar a Muchacho era fácil. Era un alma muy buena. Lo sentía. Le daba una profunda satisfacción que nadie más podía entender.

Esta es su memoria emocional y su deseo de sanarla hablando…

Sabía que su acto desinteresado y amoroso de hoy le mostraría, de una vez por todas, cuánto lo amaba de verdad. Su amor derretiría su pared de ira, le abriría el corazón y él finalmente reconocería la verdad de cuánto en realidad él la amaba. Nadie más podía verlo. Pero ella lo sabía.

Ninguna cantidad de amor auto-devaluante y 'martirialista' jamás le abrirá el corazón a Muchacho. Nunca... nunca... nunca. Este sabor del amor, resulta que es un impostor. Las acciones de Troncón aquí caen en la categoría de 'permiso' y sólo sirven para hacer crecer la bestia dentro de Muchacho... su falso yo dentro de él. ¡¡No lo hagas, querida!!

"Tienes el tamaño y la altura perfecta para un inodoro."

Ohh... BASTA, demonio de lengua plateada...

No es el más halagador de los cumplidos, pero fue un comienzo. Aunque los rasguños de su cuchillo eran insoportables, la sensación de sus manos sobre ella mientras cepillaba las astillas de madera enviaba un cosquilleo de placer por sus raíces. Mientras Muchacho caía en una cadencia de tallado y alisado, Troncón se sumió en una euforia inexplicable.

Aquí estamos siendo testigos del fenómeno de vínculo por trauma. El dolor y el placer significativos neuro-biológicamente disparados juntos une poderosa y completamente a la víctima con su abusador. Esto se debe a su interpretación neuro-biológica de tal persona (una que trae dolor con placer) como '¡esta es una persona muy importante!'

En su euforia, empezó a soñar despierta con la boda de ella y Muchacho. Vio el día entero muy claramente: todo un cuento de hadas. Sabía que, a *nivel espiritual, su boda ya había ocurrido. De hecho, seguramente existía en una realidad paralela –o en algún otro plano–, porque su visualización de la misma era ¡tan real! ¡Sí!*

Cuando la realidad física de una víctima está en ruinas, hay una tendencia a 'escapar' a reinos espirituales de ensueño. ¡Lo he hecho yo misma! Esto NO es lo mismo que existir en un estado integrado de alma-mente-cuerpo –que es productivo y saludable–. Esta 'escape a la espiritualidad' es exactamente la razón por la que vemos a tanta gente rota en círculos espirituales como sanadores, lectores espirituales, soñadores, etc... sin ni siquiera darse cuenta de que están rotos. Si alguna vez has tenido una lectura del Tarot o de la Carta del Ángel de un psíquico roto, probablemente te hayas sentido más confundida/o, disgustada/o, desesperada/o que antes de la lectura. Este es el tipo de cosas que le da a los practicantes espirituales una mala reputación. Usa tu propio conocimiento. Si sanas las heridas dentro de ti, nadie puede echarte sal en ellas, engancharlas o explotarlas.

Nada de esto es para denunciar / desacreditar los principios espirituales, sino más bien, para aumentar tu conocimiento de la importancia de integrarlos en una vida que te pertenece a TI –no a un abusador–. Esfuérzate por crear una vida que valga la pena vivir... en lugar de escapar.

Un individuo espiritualmente sano integra la espiritualidad en su realidad física que se construye sobre el respeto a sí mismo y los límites saludables. Aquí, Troncón está claramente usando 'realidades' espirituales que son realmente barcos de escape para su vida abismal que, a este punto, ha sido casi totalmente apropiada por Muchacho.

Una boda en primavera sería encantadora: quizás a mediados de Abril cuando otros árboles bailan con sus flores y hojas, y las flores silvestres resplandecen en colores brillantes y hermosos.

Más escapes, más sueños de circunstancias irreales. El término psicológico para esto es *disociación*.

Sin embargo, Troncón era realista.

¡Sí claro! ¡Totalmente realista!

Sabía que era demasiado corpulenta para usar tafetán, que tiende a hacer parecer que la novia tiene más peso. El terciopelo sería demasiado caliente para una boda en primavera y también pareciese añadirle grosor a la novia. El satén o la seda en color marfil pálido resaltaría el color natural de su corteza y acentuaría sus rasgos maravillosamente.

¡Tenía que empezar su lista de invitados inmediatamente! Tristemente, ella había estado fuera de contacto con sus amigos y familia durante muchos años. Todo comenzó porque, por alguna extraña razón, Muchacho empezó a decir espantosas mentiras sobre ella... y ellos le creyeron. Dijo que ella estaba mentalmente enferma, actuando como una loca, abusando de él, consumiendo drogas, que bebía, y que descuidaba sus responsabilidades, que tomaba sus tarjetas de crédito y gastaba su dinero, que dormía con otros Muchachos, y otras cosas extrañas... Nada de eso tenía sentido. ¿Por qué diría cosas tan horribles sobre ella? Era muy desconcertante. Ella pensó que él proyectaba recuerdos traumáticos sobre su madre, que estaba totalmente loca. Así que naturalmente, ella lo perdonó.

Esto es lo que se llama campaña de desprestigio y perpetuación de falsas narrativas. Como un medio para el acto de luz de gas y ganar control mental sobre la víctima, un narcisista ocasionalmente difunde mentiras, verdades retorcidas y secretos muy oscuros -que típicamente saca de ella durante la fase de bombardeo amoroso, por cierto-. Aquí, Muchacho difunde mentiras sobre Troncón con el único propósito de triangular su propia familia y amigos contra ella.

Un narcisista puede ser MUY convincente y presentar una imagen bien elaborada y falsas narrativas metódicas que a la víctima le son difíciles de refutar. El tercero triangulado rara vez, si es que alguna vez, piensa 'narcisista / falsa narrativa / campaña de desprestigio contra mi ser querido' (porque ¿QUIÉN en su sano juicio haría tal cosa?). Esto crea un abuso secundario, también conocido como 'acto de luz de gas secundario'; el narcisista convence fácilmente a un amigo o familiar - que alguna vez fue muy querido- de que la víctima es de alguna manera patológica o abusiva -y él o ella lo cree-. El amigo o familiar entonces comienza a tratar a la víctima con sospecha, desdén y falta de respeto. Las refutaciones y explicaciones de la víctima no tienen fundamento, ya que no es compatible con la patología del narcisista. El narcisista se presenta como la víctima, y esto causa el aislamiento de la verdadera víctima, lejos de los miembros de la familia.

Sin embargo, estaba tan angustiada por la pérdida de sus amigos y su familia que decidió ver a un psiquiatra. Milagrosamente, durante este tiempo, Muchacho realmente dio un paso adelante; dijo que quería hacer su parte para sanar la relación. La acompañó a sus citas de terapia e incluso quiso tener algunas sesiones por su cuenta con el buen doctor. **Obviamente**, si la relación no fuera importante para Muchacho, él nunca habría hecho nada de esto. ¡Por fin, Troncón tenía esperanzas!

Si no es obvio, Muchacho acompañó a Troncón a sus citas psiquiátricas para triangular al desprevenido doctor en contra de ella y para promover su propia agenda. Es un movimiento clásico de los narcisistas… ¡e imperdonable para el doctor! Psiquiatras, psicólogos, terapeutas, y todos los profesionales de la salud mental deben estar conscientes de las realidades del abuso narcisista, y son responsables de no permitir el abuso terciario a sus clientes.

"Señorita Troncón", le dijo el doctor solemnemente un día. "Todas las parejas pasan por malentendidos y pruebas. "Parece tener una percepción distorsionada y una respuesta emocional muy exagerada a los eventos normales del día a día. He llegado a conocer a Muchacho estas últimas semanas. Él nunca intentaría lastimarla, o decirle mentiras a su familia." El doctor parecía profundamente preocupado. "De hecho, si no lo supiera, diría que usted es la que abusa de Muchacho, no al revés."

Muchacho claramente ha distorsionado la realidad de lo que está pasando en la relación. Ha convertido con éxito al doctor en un mono volador.

Troncón irrumpió en sollozos desgarradores. ¡Nunca se había sentido tan humillada, invalidada e incomprendida en toda su vida! "¡Doctor, eso no es cierto! ¡Él es el que hace todo tipo de locuras! ¡Oculta mis llaves y finge que no sabe dónde están! ¡Borra mis canciones favoritas de mis listas de reproducción! ¡Se roba mi mantequilla de maní! ¡Él es el que gasta mi dinero! ¡Dijo mentiras terribles sobre mí y puso a mi familia en mi contra! ¡Tiene que creerme, Doctor!"

"No es cuestión de que yo le crea. Sólo estoy muy preocupado.

Esta es una ensalada de palabras de parte del doctor. ¿Qué significa eso? Por supuesto que es cuestión de que él le crea. Y siendo un profesional, debería al menos considerar que el abuso narcisista puede ser el verdadero culpable aquí.

Muchacho también me dijo que pertenece a una secta."

"¡¿QUÉ?!" Troncón casi gritó. "¡Voy a un círculo de sanación cada domingo! ¡Me da paz!"

"Bueno, por lo que él ha descrito, suena muy sospechoso."

Los narcisistas a menudo (subconscientemente) rechazan cualquier tipo de sanación o grupo espiritual que dé a la víctima contacto con otros que pudiesen captar lo que sucede en la relación. Y muchas veces los narcisistas triangulan a otros -como el buen doctor de aquí-

para hacer el trabajo sucio por ellos. Recuerda, no importa cuán malo se ponga, o cuánta gente parezca estar en tu contra, la verdad es la verdad. No le vendas tu verdad al diablo por 'confusión'.

Troncón estaba totalmente desconcertada. Las mismas frustraciones, y las discusiones desmoralizantes que ha tenido con Muchacho a lo largo de los años se estaban llevando a cabo con ¡un profesional altamente capacitado! ¿Cómo puede ser esto? A menos que... a menos que... ¿Quizás estaba realmente loca?

Esta noción fue confirmada pronto por el buen doctor. "Señorita Troncón, parece estar un poco paranoica y sufrir de un sentido distorsionado de la realidad." Luego le recetó anti-psicóticos y anti-depresivos, y la envió a un grupo de terapia semanal para locos que no podían controlar su vida. Las píldoras le hicieron un lío en la cabeza. Tres semanas después, terminó en un hospital psiquiátrico. ¡Fue un año difícil!

Cuando se prescriben anti-psicóticos y anti-depresivos a personas que no tienen trastornos cerebrales orgánicos, se produce una psicosis. ¡Los médicos deberían descartar el abuso narcisista antes de prescribirlos!

Durante su estancia en el hospital, aprendió sobre los límites de las relaciones saludables. ¡Se dio cuenta de que cruzaba los límites de Muchacho todo el tiempo! En lugar de gritar o de usar palabras grotescas para comunicarse con él, necesitaba ejercitar la compasión y la paciencia. Sobre todo, necesitaba hablar con calma y dejar de molestarlo hasta la muerte si quería que la relación funcionase.

Este horrible escenario en el pasado de Troncón muestra lo que se llama **abuso terciario**. El abuso terciario ocurre cuando un terapeuta u otro profesional de la salud no le cree a la víctima y minimiza sus preocupaciones o, peor aún, la culpa por las formidables dificultades en la relación. No es sorprendente que si el consejero tiene alguna comunicación con el narcisista, se verá atrapado en las falsedades, desviaciones y mentiras y, por lo tanto, se triangulará contra el mismo cliente al que se supone que está ayudando. Piénsalo: desde su perspectiva, Muchacho es fresco como un pepino, y Troncón es un desastre emocional que siempre está gritando y maldiciendo. ¿Quién parece ser el loco? ¿Quién parece ser la víctima?

Como explica Richard Grannon (en el mismo vídeo que cité al principio de este libro), el acto de luz de gas terciario obliga a la víctima a "nadar en una sopa de relativismo moral', donde ya no sabe cuál es la derecha o la izquierda, ni qué está bien y qué está mal". (¡Exacto, Richard! ¡Gracias por decir esto perfectamente!) Los terapeutas, psicólogos y médicos no saben todo, ni son dioses que todo lo ven. Ten cuidado de no creerles ciegamente, especialmente si te sientes invalidada/o, incomprendida/o y revictimizada/o después de tus sesiones con ellos. En algunos casos, los terapeutas, ellos mismos ¡son narcisistas!

La sanación general para esta condición maníaca, revolve-mentes y chupadora de almas es reclamar y sanar tu auténtico sentido de ti mismo/a. Cubriré estos procesos en los próximos tres volúmenes de "Los Diarios de Troncón".

Así, con la ayuda de la terapia, Troncón fue capaz de sanarse. Más o menos. La verdad es que ella seguía sintiéndose como mierda. Se sentía aún más desesperada. Se sentía aún desorientada. Pero finalmente pudo dejar atrás el pasado y perdonar a Muchacho por las cosas que hizo, y que no estaba haciendo de todos modos... o algo así... En cualquier caso, esperaba que su familia y amigos se dieran cuenta algún día de que estaba pasando por un momento difícil en ese entonces, y que lo que pasó entre ellos fue probablemente una gran mal entendido.

Las víctimas de abuso narcisista son constantemente aisladas de su familia y amigos por acciones manipuladoras del narcisista. La triangulación entre la víctima y sus familiares, y el acto de luz de gas es para hacer creer a la víctima que ciertos miembros de la familia o amigos son de alguna manera una amenaza o un perjuicio... Todo esto ocurre en los esfuerzos del abusador por aislar a su víctima y evitar que obtenga el apoyo o la perspectiva lógica de sus seres queridos.

Sabía que la boda sería un momento glorioso de sanación y amor para todos.

Estos saltos grandes -de la realidad a la fantasía- son comunes para las personas que sufren complejo de TEPT (trastorno de estrés postraumático). Esto es esencialmente una estrategia de afrontamiento subconsciente que, desafortunadamente, las prepara para más ridículo y abuso.

Su dolor estaba ahora en el pasado, ¡y no volvería a pensar en ello! Después de todo, pensó, ¡todo lo que tenemos es el momento presente!

Las víctimas y sobrevivientes deben tener cuidado: las frases trilladas y las 'palabras para vivir' NO absuelven los horrores del abuso narcisista. Para que estas sabidurías del 'momento presente' se apliquen de forma saludable, debes corregir la forma en que te relacionas con la vida, contigo misma/o y con tu realidad. No las uses para perdonar o encubrir el abuso perpetuo, no importa cuán tentador sea o cuán alentado seas por otros a hacerlo.

¡Muchacho sería un novio tan guapo! Podía verlo con su elegante esmoquin, su faja y su corbata de moño. *Suspiro*

Troncón está escapando de la realidad y anulando la verdad de la relación a favor de saciar sus heridas de memoria emocional. Hasta que no se hagan conscientes, las heridas de la memoria emocional regirán la vida de Troncón.

"Ahora él sólo necesita proponerse", pensó Troncón. "¡Lo cual podría hacer incluso esta noche!" Se imaginó la mirada en su cara cuando se arrodillase. Él la miraría profundamente en su corteza, con lágrimas en sus hermosos ojos... tan lleno de amor que apenas podría decir las palabras. Troncón, ¿quieres casarte conmigo?... Sí, Muchacho, me casaré contigo...

Sé que algunos lectores están pensando: "¡De ninguna manera nadie sería así tan iluso!" Pero sí, tristemente, hay personas así. Recuerden: no es su lógica la que habla, sino su herida emocional subconsciente.

Nunca había estado Troncón más segura de nada... y nunca había sentido tanta integridad y paz en su corazón como en ese momento... con Muchacho esculpiéndola en un inodoro.

Cuando la memoria emocional y el trauma se disparan juntos, no se sabe cuán retorcidos se pondrán los delirios de la víctima. Sorprendentemente, los delirios se sienten increíblemente reales. Lee este párrafo una vez más. Presta atención a las suposiciones y racionalizaciones falsas de Troncón. Luego pregúntate:

1) ¿Qué información está olvidando mientras crea su fantasía?

2) Ella sabe cómo Muchacho es realmente... ¿por qué se prepararía intencionadamente para la inevitable caída que él le causará?

3) ¿Cómo es que escupiéndola en un inodoro -con la intención de defecar en él- le muestra amor a ella? ¿Qué red de mentiras debe decirse a sí misma para llegar a esta horrible conclusión?

En su estado actual de engaño neuro-biológico e inundado de hormonas, sus suposiciones fantásticas y racionalizaciones tienen perfecto sentido (para ella). Así de mal es como las heridas de la memoria emocional pueden doblar las mentes, los corazones, las neuronas y las almas de personas sanas y racionales, y convertirlas en prisioneras dentro de sus propias vidas.

¡Qué emocionante! ¡Todo lo que puso en su pizarra de visión el año pasado finalmente se haría realidad! ¡Ser esculpida en una pieza de baño fue definitivamente una sorpresa, pero Dios Todopoderoso trabaja en formas misteriosas!

Mi lector/a, entiende esto: los tableros de visión -junto con todos los trucos imaginables de la Ley de Atracción- y créeme, mientras yo estuve en mi propio pozo del infierno, los probé TODOS... NO, NO PUEDEN, NO FUNCIONARÁN hasta que estés bien anclado/a en tu auténtico ser y estés libre de los efectos de tu narcisista consumidor. En primer lugar, cualquier bien que tú sea capaz de generar en tu vida será inmediatamente absorbido por el agujero negro del narcisista. En segundo lugar, sin estar completamente PRESENTE en tu verdadero sentido del yo, el universo no tiene idea de 'dónde' entregar tus bienes.

Y mientras estamos en el tema de la manifestación etérea, ese psíquico/a al que le estás dando tanto dinero... si te está diciendo que tú estás destinado/a a estar con el tipo/a que te ha tratado de alguna manera parecida a la de cómo Muchacho está tratando a Troncón, bueno, ella / él está morbosamente incorrecta/o. Lo que pasa es esto: ella / él se ha 'afilado' psíquicamente en tu herida emocional y te está reflejando lo que subconscientemente tú crees que necesitas para sanar. Especialmente, esto es para mis lectores que han sido víctimas del acto fantasma por una pareja romántica y se están ahogando en la pena. Este concepto necesita mucha más atención de la que puedo darle aquí. Por ahora, suspende todos los asuntos etéreos y date una dosis de la realidad del aquí y ahora. El proceso de sanación de tu vida requiere la debida diligencia, y un programa de recuperación de abusos bien construido y con propósito. Una vez que finalmente te recuperes a tí mismo/a y tu vida, crea tus tableros de visión -y realmente funcionarán-. Probablemente no necesites a tu psíquica/o, pero una vez que esto se haya transformado, no perpetuará tus ciclos de abuso si hablas con ella / él.

Este es el tipo de amor que el alma de Muchacho necesitaba para derretir los muros de hielo que había construido alrededor de su triste corazón.

¡Dios mío, hermana Troncón! ¡No! Sólo Dios (Divino, Tao, Madre Naturaleza, etc... como quieras nombrar lo que sea que represente lo Divino para ti) es lo suficientemente poderoso para entregar el amor (que a veces viene en la forma de consecuencia) necesario para doblegar la voluntad del narcisista. Lo que Troncón le está dando a Muchacho NO es, de ninguna manera, amor incondicional. Más bien, es una sumisión desesperada alimentada por su dolor emocional no reconocido. Es un amor impostor, en todos los sentidos.

Si esto significaba que Troncón necesitaba mostrarle cuánto lo amaba dejándolo esculpirla en un inodoro, ¡entonces, por favor! ¡Eso es exactamente lo que ella haría! De buena gana. Con entusiasmo. Desinteresadamente. ¡Esculpe, mi hermoso Muchacho! ¡Esculpe! ¡Porque tanto así es como te amo!

¿Cuánta delirante ironía hay en esta corriente de pensamientos? Que va por tres *observaciones* aquí:

Observación 1: Para empezar, concentrémonos en las tres primeras palabras de su ridiculez: "Si esto significaba…" Siendo 'esto' el hecho de que 'el alma de Muchacho necesitaba amor incondicional para derretir los muros de hielo que había construido alrededor de su corazón'. Pero el sacrificio personal y la degradación no es en lo absoluto una expresión o una extensión del amor incondicional - ESPECIALMENTE no del tipo de amor que Muchacho necesita para 'salvar su alma'-. Una completa ilusión, el tipo de 'amor' que puede llevarla a tomar decisiones muy malas, y muy dañinas.

Observación 2: ¿Cómo llegó Troncón a la conclusión de que Muchacho no sabía cuánto lo amaba? Por supuesto que lo sabía. Ella está eligiendo ignorar el hecho de que él la está explotando.

Observación 3: '¡Pues por Dios! ¡Eso es exactamente lo que ella haría!' Debido a que las dos primeras dos observaciones son claramente muy perversas, el fundamento de esta tercer observación es también perverso. 'De buena gana. Con entusiasmo. Desinteresadamente.' Son sólo adjetivos extravagantes para hacer que su intención suene noble. Realmente, los adjetivos más precisos, etc... en esta circunstancia serían: 'Delirantemente. Irracionalmente. Catastróficamente. ¡Sigue esculpiendo, mi profundamente perturbado psicópata! ¡Sigue esculpiendo!'

La 'realidad' de Troncón ha sido engañada por su herida emocional. La realidad está ocluida de su proceso de pensamiento consciente. Los empáticos y co-dependientes a menudo hacen este tipo de racionalizaciones radicales para poder cojear a través de sus horribles situaciones... todo en busca de amor.

Las horas pasaron. Muchacho estuvo en silencio la mayor parte del tiempo mientras trabajaba. No se necesitaban palabras entre ellos. Sentía su amor por ella. Troncón escuchó todo lo que él no dijo.

Ella no escuchó nada que él no dijera. Si lo hubiera hecho, habría escuchado su alma de monstruo diciendo: "¡Nom nom nom nom nom! ¡Sí! ¡Qué perra tan estúpida, dejándome esculpirla en un inodoro!" Lo que Troncón realmente escuchó fueron sus propias proyecciones subconscientes -derivadas de su herida emocional insatisfecha-, que estaban siendo temporalmente saciadas y por lo tanto la inundaban con hormonas de bienestar... que se sentían como amor.

Y sabía que el corazón de él también se desbordaba de amor por ella.

Mm... no, Troncón. Lo que estás sintiendo es una saciedad temporal de tu herida emocional.

Ella podía sentirlo.

Mm... ¡NO! La creencia de Troncón de que Muchacho la amaba como ella lo amaba a él es estrictamente su propia proyección de su propia herida.

En ese momento, el mundo era perfecto.

Bueno... sí -desde el punto de vista de la memoria emocional, de todos modos-. Lamentablemente, estos momentos no pueden y no duran.

Sus cuerpos encajaban perfectamente. Estaban hechos el uno para el otro. Ella se permitió sumergirse en esta dicha.

La memoria emocional minimizará los defectos y magnificará la felicidad. Ella 'encaja perfectamente' con Muchacho en su nivel de herida emocional... y esto los lleva a encajar perfectamente a nivel físico.

Nunca pudo explicar a nadie por qué amaba tanto a Muchacho, o por qué le había permitido tomar sus manzanas, sus ramas, su tronco... su... núcleo.

Observar a un amigo o ser querido siendo sistemáticamente destruido, poco a poco en la vida real es tan doloroso como insoportable. Troncón llama a esto 'amor'. Sin embargo, el verdadero motor que impulsa su manía personal son las heridas subconscientes de su memoria emocional.

¡Oye! Nadie necesitaba entenderlo. ¡No era incumbencia de nadie!

Racionalización radical, ¿nadie? Obviamente, las acciones de Troncón con Muchacho son ilógicas y disfuncionales. Ninguna racionalización, por muy verbosa, intrincada o convincente, podría saciar la confusión, el horror y la incredulidad que se produce en sus amigos y familiares al ver la espeluznante y metódica destrucción de su querida Troncón en manos de Muchacho. La verdad es que, en este momento, la mayoría de ellos han abandonado el barco -la única manera real de que pudieran salvar sus propias brechas de disonancia cognitiva con la situación-.

Con toda honestidad, Troncón sabía que ella toleraba mucho de él. De hecho, había llegado al punto en que ya no le contaba a la gente cómo la trataba, porque todo lo que hacían era juzgarlo a él... o juzgarla a ella por pensar que estaba loca e inventando todo.

Aquí hay otro ejemplo de disonancia cognitiva, y una mirada a la frustración de tratar de 'explicar' a otros el abuso narcisista. Es tan atroz, que muchas veces, otras personas no lo creen -incluso cuando intentas explicarlo, lo que la mayoría de las víctimas no hacen-.

Nadie entendía su relación única. Las cosas tenían que ser así hasta que Muchacho pudiese sanar su corazón, lo cual sólo podía suceder gracias al amor persistente e incondicional de Troncón.

Más delirios... alimentados por su memoria emocional engañada. Lee el resto de esta sección de la historia, teniendo esto en cuenta.

Ahora, con él acurrucado a su lado, tallando y suavizando, las olas de placer que irradiaban sus raíces eran por excelencia la felicidad. Él le estaba dando toda su atención. Ella sabía que sacrificarse por la comodidad de él era exactamente lo que necesitaba para convertirse finalmente en el Muchacho que ella sabía que podía ser, el Muchacho que tan desesperadamente ella anhelaba.

Podía sentir su aliento sobre ella, y si cerraba los ojos y se quedaba muy quieta, podía sentir los latidos de su corazón. Este momento fue una prueba del amor verdadero y perfecto... como debiesen ser todas las relaciones.

Debido a que Troncón nunca ha experimentado una versión saludable del amor, no tiene nada con qué compararlo. No tiene una consciencia concreta de la patología mental de Muchacho o de cómo él usa su herida emocional no reconocida -para su propio beneficio-. Como es el caso de todos los co-dependientes, sus recuerdos emocionales han engañado sus vidas. Son la fuerza detrás de sus graves y terribles decisiones de relación y, en esencia, están 'dirigiendo el espectáculo'.

Justo cuando el sol estaba dando sus buenas noches en el horizonte, Muchacho se puso de pie. "¡Bueno, ya está hecho!" Su rostro resplandecía mientras admiraba su trabajo. "¡Oh! Una cosa más..." Muchacho se arrodilló y empezó a tallar algo en la corteza de Troncón.

"¿Qué estás tallando en mi corteza, Muchacho?" Preguntó con una dulce risa. Su voz sonaba hueca y sin sustancia. Sin embargo, había alegría en su tono.

"Sólo quédate quieta..." dijo él tranquilamente.

Estaba emocionada. Se imaginó que estaba esculpiendo un poema de amor, para conmemorar su profunda y duradera conexión que acababa de ser mágicamente reavivada... debido a su desinteresado acto de bondad y comprensión. Tal vez era una cita que hablaba de el amor incondicional y el perdón de Troncón, que ella consistente y generosamente le regalaba todo el tiempo... un poema que hablaba de cómo habían superado los fuegos y las tribulaciones por las que pasa toda relación sana. *Suspiro*... ¡Lo amo tanto!

Los delirios se hacen cada vez más grandes...

"Excelente, excelente..." Muchacho dijo con una risa extraña. Se puso de pie, dio un paso atrás y se desempolvó las manos. "¡Genial! ¡Ya está hecho!"

Cuidado con la extraña risa del narcisista. A veces, sale de la nada, y en momentos inapropiados. La risa del narcisista es conocida como un indicador revelador. Si tú escuchas atentamente, es un placer que se deriva de su propia desviación y maldad.

Troncón sintió una combinación de alivio y tristeza por la repentina retirada de Muchacho. Había terminado de esculpir... así que no hubo más dolor. Pero tampoco... más de sus deliciosas caricias al suavizar las astillas de madera.

Este placer y dolor disparados juntos crean la experiencia de vínculo por trauma.

Seguramente Muchacho podía sentir el amor que se intercambiaba entre ellos.

No, no sintió nada, Troncón. Todo lo que siente es la emoción de obtener un suministro narcisista de ti.

¿Qué significaba todo esto para su relación?

Significa que él ha terminado contigo, a menos que se le ocurra otra forma de degradarte aún más para su beneficio.

¿Cumpliría su promesa de visitarla diariamente?

Probablemente NO.

¿Finalmente le propondría matrimonio?

¡Ja!

Ella ahora contaba con que su nueva imagen ahuecada lo mantendría enamorado.

Lamento tus delirios, Troncón…

"¿Cómo me veo?" Preguntó con tono de duda.

"Como… un hermoso inodoro de madera." Muchacho respondió. De nuevo, no era el cumplido que buscaba, pero era algo.

"Justo a tiempo, también. ¡Tengo un tren llegando a la estación que ha estado chu-chu-chu todo este tiempo!" Muchacho se desabrochó el cinturón, se bajó los pantalones y se sentó. "¡Uf! ¡Estuvo cerca!" Sacando un periódico del bolsillo de su abrigo, y se acomodó para una buena lectura.

El descuido brutal del bienestar de Troncón por parte de Muchacho es un acto narcisista.

Troncón se sintió confundida. Esto no se sentía correcto.

No es correcto.

Esto no se sentía bien.

No está bien.

Esto no se sentía como amor.

¡No es amor!

De hecho, toda esta situación se sentía muy, muy... mal.

¡NO! No debe permitirse pensar en esos terribles y egoístas pensamientos sobre su pobre, emocionalmente quebrantado, perdido e indefenso Muchacho. Ella sabía que él la amaba. Y si ella pudiera continuar siendo complaciente, amorosa y paciente, él podría sanar de su terrible infancia, y finalmente amarla como realmente ella quería, en lo profundo de su interior, y debajo de su ruda apariencia.

Aclaremos una cosa: nadie sana de una infancia terrible siendo capaz de cometer horribles actos de abuso sobre otra persona. De hecho, un narcisista no puede tener esperanzas de sanarse hasta que su voluntad de hierro se rompa y adapte personalmente una auténtica voluntad de sanarse.

Tal vez uno de cada 100,000 narcisistas llegará a tal punto de ruptura en sus vidas. Esto depende de Dios, no de ti. Tu trabajo es sanarte a ti misma/o. Puedes rezar por el / la narcisista, mientras te distancias de él / el.

Troncón sabía que tenía que hacer lo correcto: se quedó muy quieta, tratando de ser el mejor inodoro de madera de toda la tierra... para que Muchacho pudiese defecar en paz.

Muchacho ha 'entrenado' a Troncón para ser obediente, mientras comete sus abusos. En los esfuerzos por ganar la aprobación del abusador, las víctimas se auto-imponen un cumplimiento radical incluso en el más atroz de los actos. Se engañan a sí mismas creyendo que su obediencia es un acto de amor. Sin embargo, no lo es. Llamar 'amor' a la tolerancia del abuso es una blasfemia.

Además, si aún no es obvio, Muchacho defecando en el núcleo de Troncón es una **metáfora** conmovedora; los narcisistas vierten su 'mierda' en sus víctimas, y luego las culpan por oler a mierda. Sé que esta imagen es brutal, y probablemente fue difícil de leer. Pero no es menos asqueroso u horroroso que lo que realmente pasa con los narcisistas y sus víctimas. No podría yo pensar en una mejor manera de ilustrarlo.

Después de 20 minutos, Muchacho dobló su periódico y lo tiró al suelo. Se agachó, cogió un puñado de astillas de madera fresca, se limpió el trasero y las tiró encima del... tren de vapor que yacía en el fondo del hoyo recién esculpido de Troncón. Se levantó y se subió los pantalones. "¡Bueno, eso se siente mejor!" Tomando su periódico del suelo, dijo: "¡Muy bien, Troncón! ¡Me voy de aquí!"

¿Estamos realmente sorprendidos?

"¡¿Qué? Espera!" gritó Troncón. "¡¿Te vas?! ¿Por qué? Pensé que..."

Las promesas de Muchacho son olvidadas y negadas. Sus actos perversos están hechos, y ella no tiene oportunidad de deshacerlos. A Troncón no le queda NADA que ofrecerle. Troncón ha llegado a su punto más bajo.

"Sí, tengo que volver a Fido."

"Quieres decir... Fella...?"

"¡Maldita sea! ¡Ahí vas de nuevo, Troncón! Su nombre es Fido. No sé de dónde sacaste 'Fella'. ¡Qué nombre tan estúpido para un perro, Fella!"

Acto de luz de gas y desviación del tema en cuestión: que no está cumpliendo su palabra de visitarla todos los días ...

"Pero... Muchacho... Yo sólo... lo pasamos tan bien hoy... y he hecho algo especial por ti dejando que me esculpieras..."

Muchacho NO tiene ninguna muestra de aprecio por la generosidad de Troncón. Nunca lo ha hecho y nunca lo hará. Aprendió esto cuando él acaparaba sus manzanas -sin ni una palabra de agradecimiento-.

"¡Cállate, Troncón! Eso me hizo trabajar mucho, y lo hice por ti. Mi mano está acalambrada. Además, me has dado una astilla en el trasero. ¡Duele como un hijo de puta!"

Esto es un narcisista por excelencia: convertir su abuso en '¡Pobre de mí! ¡Pobre de mí! ¡Pobre de mí!' Echarle a ella la culpa y una palabrota insultante es para intimidarla y evitar que se dé cuenta del indecible acto de horror que él acaba de cometer contra ella.

Troncón estaba desconcertada. Ella esperaba una propuesta de matrimonio, después de todo...

Un horrible caso de ilusión y disonancia cognitiva grave...

Muchacho se dio la vuelta para alejarse. Se sentía indescriptiblemente vivo. Por supuesto, su alegría se desvanecería cuando llegara a la ciudad, porque su vida era tan deprimente, y siempre tenía que lidiar con las tonterías de los demás. Fue agradable salir a pasear para variar.

Aquí vemos la brutal y fea verdad sobre el 'pago' de Muchacho al traer tan horrible devastación a Troncón: como con sus manzanas, ramas y tronco, la emoción que él siente es de corta duración y minúscula comparada con lo que ella ha perdido. También vemos sus injustas y mezquinas racionalizaciones que usa sobre lo que acaba de hacerle -a una 'amiga' y amante, y a una buena persona-. A diferencia del psicópata -que se comporta de manera narcisista-, la gente que es narcisista y NO psicópata puede sentir sombras de culpa. Esto hace que los narcisistas hagan racionalizaciones atroces para llenar la brecha de DisCog en su interior. Con un psicópata, no hay absolutamente ninguna culpa, y por lo tanto, ni siquiera se ponderan las racionalizaciones. No está claro en esta historia qué descripción se ajusta mejor a Muchacho. En realidad, esto no es muy importante para la víctima.

En cualquier caso, Muchacho no tiene ninguna conexión con su niño interior, su alma, su sentido de sí mismo. Estos elementos se han ido. Desaparecido. Nada. Cero. Y mientras esto es un llamado a la compasión para aquellos que entendemos el inconmensurable dolor que causaría que una persona se convirtiera en esto, dicha compasión no requiere degradación personal o aceptar esto como 'así es su manera de ser'. Más bien, es un llamado a la indignación moral, a los límites fuertes, y a un muy ruidoso, muy resuelto, y muy definitivo ¡NO!

"¡Espera! ¡Muchacho! ¿Qué tallaste en mi corteza?"

"¡Oh sí!" Exclamó. "Tallé un corazón..."

"Ay... me encanta, Muchacho..."

"...con 'Stella & Muchacho' en su interior. Olvidé decírtelo... me voy a casar."

Contempla un ejemplo de tácticas de abuso en varios niveles, considerando la discusión que él y Troncón acaban de tener sobre Stella, Fella, Fido y el barco. Su respuesta casual -dicha mientras se alejaba- junto con el "¡olvidé decírtelo!" presenta una mezcla de acto de luz de gas, ensalada de palabras, negación, y una docena de otros términos narcisistas que aún no han sido definidos por la sociedad moderna. El hecho de que ahora Troncón tiene "Stella y Muchacho" tallado en su corteza es una **metáfora** de las insignias de dolor que llevamos cuando continuamente ofrecemos perdón ciego y amor incondicional a un abusador -en un esfuerzo perpetuo por sanar nuestro dolor más profundo-. A pesar de cuán obvio y de todos los signos que apuntan a una inevitable conclusión de una relación de esta naturaleza, SIEMPRE llega como un golpe a la víctima, porque está respondiendo desde su niña/o interior, que fue inicialmente herido/a en primer lugar.

Troncón sintió una sacudida con una profunda confusión y desesperación inimaginables. ¿Qué? ¿Cómo? ¿Se iba a casar con otra persona? "Pero... pero... espera..." Sintió como si ya no estuviera en su cuerpo. Estaba fuera de sí. "¡¿Te vas a casar con otra mujer?!"

La expresión 'Estaba fuera de sí', es indicativa de disociación -en respuesta a un trauma emocional-. Asiente a la disonancia cognitiva: ella esperaba una propuesta de matrimonio; él se va a casar con otra persona.

"Sí, así es." Muchacho dijo alegremente.

"Pero yo... pero tú... pero... ¿qué pasa con nosotros?"

"¿Nosotros? No hay un nosotros, Troncón." Muchacho habló con desdén y despecho. "Sabes que tú y yo sólo somos amigos de cama."

Incluso si esto fuera cierto, ser "amigos de cama" se basa en un acuerdo de beneficio mutuo. La crueldad y la degradación de cualquiera de los 'amigos' no es parte de este acuerdo -a menos, por supuesto, que uno de ellos sea narcisista y haga uso de su basura de artimañas de lenguaje-. Toma en cuenta que Muchacho acaba de decir esto a una amiga de toda la vida que le ha dado todo. Lo opuesto al amor no es el odio, sino la indiferencia. Él al aplastar el amor de ella y reducirlo a "¡No hay un nosotros!", es un ejemplo perfecto de la esencia del narcisismo y el núcleo de oscuridad dentro de él.

"¡No, Muchacho! ¡Noooo! ¡No me puedes hacer esto!"

Por supuesto que sí te hizo esto, Troncón.

Troncón nunca había sentido tal desesperación y humillación.

Muchacho nunca se sintió tan triunfante y alegre.

Los narcisistas se elevan viendo a otras personas sufrir. Es literalmente una adicción.

Simplemente no pudo contener más su temperamento. "¡¿Cómo pudiste tallar el nombre de otra mujer en mi corteza?! ¡¿Qué clase de Muchacho retorcido, cruel y horrible eres?!" Estalló en profundos y desgarradores sollozos que resonaron en las paredes de las colinas del más allá.

La brutal verdad era que, en ese momento, Troncón no podía comprender el nivel de crueldad que Muchacho acababa de cometer intencionalmente. No tenía el marco mental para entender el nivel de maldad que Muchacho encarnaba.

En su mente y su corazón, Troncón veía el mundo como un lugar amoroso y amable. Sabía que todo el mundo era bueno y completos en su esencia, y que el amor lo conquista todo. Lo que Muchacho acababa de hacerle no tenía ningún sentido. Se esforzó por entenderlo, pero no pudo.

"¿Soy yo el retorcido, cruel, y horrible?... ¡No lo creo!" Muchacho dijo fríamente. "¡Tú eres la que me orilló a otra relación porque constantemente me fastidiabas con tu idea de que yo veía a otra mujer!"

Ensalada de palabras, proyección, culpa tangencial.

"Boooyyyy..." Ella se lamentaba... "Pensé ... que éramos tan felices, y debiste haberme dicho que te casabas con otra mujer ... y dejé que me esculpieras en un inodoro para que me visitaras todos los días ..."

"Nunca dije que te visitaría todos los días. Dije que tal vez podría visitarte todos los días, pero actúas como perra loca, que eso no va a pasar nunca!"

Mentira, negación, ensalada de palabras, proyección.

A Muchacho le encantaba discutir sobre semántica. Después de todo, esto lo hacía verse como un sexy hijo de puta.

Los narcisistas creen cosas sin razón y están tan desesperados por atención que explotan a propósito a otros para conseguir atención.

"Pero estás totalmente actuando como una psicópata. ¿Por qué querría yo visitarte?"

Acto de luz de gas, proyección, desviación.

"¡Muchacho!" Troncón gritó. Con lágrimas incesantes y la más profunda angustia, ella le habló con una fuerza que nunca antes había hecho. "¡¡Prometiste visitarme todos los días si dejaba que me esculpieras en un inodoro!!"

"No, nunca dije eso." Le dio la espalda.

Negación.

"¡¡Sí lo dijiste! Tú... tú... MENTIROSO!!"

"¿Mentiroso? Oh, vaya vaya. Qué madura eres. ¿Qué es lo que sigue? ¿Vas a decirme que mis pantalones están en llamas?"

Acto de luz de gas, proyección, desviación.

Muchacho bostezó y miró hacia la puesta del sol.

Indiferencia a su dolor = acto de luz de gas.

"¿Ves, Troncón? Es por esto que tú y yo nunca podríamos estar juntos. Eres muy, muy dramática para mí."

Indiferencia, ensalada de palabras, desviación y proyección.

¿Quééé? ¿Quééé? ¿Cómo se atreve a culparla por lo que él ha provocado? ¿Cómo se atreve a bostezar en *un momento como éste? ¿Después de lo que le acaba de hacer?*

Mientras que el disgusto de Troncón está claramente justificado, y su confusión es comprensible, Muchacho nunca, NUNCA se convertirá en el manantial de amor que ella tan desesperadamente anhela. Esto se deriva, como saben, de su herida no reconocida de la infancia que creó este patrón emocional (y el subsiguiente anhelo) en primer lugar.

¡¿Con qué clase de monstruo delirante y loco estaba ella tratando aquí?!

Un monstruo muy peligroso, muy vacío, muy desviado...

"¿Qué? ¡No soy dramática!" Troncón gritó en vano.

Lo que ella no entiende aquí es que ella tiene el poder de recuperarse a sí misma. Lo que le duele es enfrentarse a su ilusión de que Muchacho no era el Muchacho que ella pensaba que era o que ella había inventado. Es como sacar el cuchillo: duele como el infierno, pero no podemos sanar la herida si no lo sacamos.

"¡Tú... tú...!" Troncón tartamudeaba, tratando de encontrar palabras para expresar su profundo dolor y rabia "Eres... eres sólo un... gran... gordo... puto... cerdo... ... ¡¡¡ASQUEROSO!!!"

Incluso ahora, no es demasiado tarde para que Troncón se recupere y comience el viaje de sanación de su vida. Pero la mayoría de las víctimas quedan atrapadas en el tornado de tratar desesperadamente 'hacer' que el narcisista 'vea' lo que él está haciendo, hacer que reconozca los sentimientos de ella, y de seguir firme en sus delirios de quien quiere ella creer que él es.

¿Qué? ¿Cómo pudo Muchacho reírse de su dolor de esta manera?

¿Cómo NO podría? Su objetivo es buscar y destruir sistemáticamente a su víctima para su propio placer.

¿Cómo es que no veía lo herida que ella estaba? ¿Cómo es que no veía que ella le había dado TODO lo que era importante para ella, con la bondad de su corazón?

Él sí lo veía. Sólo que lo usaba en su contra.

¿Cómo podía actuar tan despreocupado por el disgusto de Troncón, y tan desagradecido por su estelar generosidad?

Lo que Troncón ve como 'generosidad estelar', Muchacho lo ve como 'oportunidad para la explotación'.

¿Cómo pudo voltear la situación y llamarla inmadura y dramática? ¿Cómo pudo negar que prometió visitarla todos los días?

De nuevo, ¿cómo podría NO hacerlo, Troncón? Es un narcisista. Viste las banderas rojas hace años cuando, sin agradecimiento, tomó todas tus manzanas.

Y lo más importante, ¿cómo podía negar su profunda y amorosa conexión de sus almas que era tan *evidente en el increíble tiempo que acaban de compartir hoy?*

Aún así, ante tan clara y vacía maldad, Troncón está buscando amor.

¿Un amor que lo había mantenido regresando a ella durante todos estos años?

No sólo le falta a él el chip de la empatía, su sentido de sí mismo es inexistente. En su lugar, un agujero negro de desesperación y necesidad reside en el centro de él -donde su alma una vez habitó-. Su habilidad para obtener la energía de fuerza vital de Troncón (también conocida como alma) alimenta su agujero negro temporalmente.

Troncón no tenía respuestas, sólo un dolor profundo y consumidor... y una sensación de una completa destrucción de su sentido del yo.

Sí, así es. Este es el objetivo de un narcisista, siempre.

"Muchacho, no me hagas esto..." El tono desesperado de Troncón se convirtió en uno de profundo duelo. "Te amo, Muchacho. No te vayas."

La desesperación, por ende, suele ser la posición de una víctima, y profundamente gratificante para el narcisista. Es una oportunidad perfecta para acertar otro golpe devastador, sabiendo que ella no tendrá ningún recurso.

"¡Dios! ¡Eres una perra loca!" Se rió de nuevo con una risa malvada.

Risa = pretender ser inconsciente y desinteresado en su dolor. De hecho, Muchacho encuentra divertido el dolor de Troncón. Un narcisista a menudo acusa a su víctima de estar 'loca' o 'fuera de sí' porque este es exactamente su objetivo: volverla loca y sacarla de su mente.

"¡Estás loca!" Muchacho se rió. "Hace un minuto estabas gritando, llamándome 'puto cerdo asqueroso'."

Aquí presenciamos un sutil truco de lenguaje usado para desviar y culpar. ¿Ves lo perversamente loco que puede ser permitir que tu vida sea arrastrada al agujero negro del narcisismo? ¿Entiendes que estás viviendo una novela de suspenso acerca de una enfermedad psicológica grave en el que él es el cazador psicótico y tú eres su presa? Tú puedes detener este ciclo. Puedes tomar las riendas de tu vida. Si hay aliento en tu cuerpo, no es demasiado tarde. Hay formas de detener esta locura y dejarlo a él estar en su vacía, patética y podrida existencia. Hay maneras para ti de reconstruir tu vida, sanar y prosperar. Pero nada de eso funcionará hasta que dejes de pensar que tu salvación está en la aprobación y amor de él. No es así. No puede. Nunca, nunca lo ha sido así. Y nunca, nunca lo será.

"Lo sé... pero... pero no quise decir eso..." Troncón habló con sollozos. "Sólo estoy confundida..."

Tristemente, Troncón está confundida por el abuso mental de Muchacho, y no por su propio funcionamiento psicológico orgánico.

"Oh, por el amor de Dios! Averígualo. ¡Y madura!"

Aquí vemos la ensalada de palabras al máximo, la desviación y la proyección. Además de la falta de compasión, él a propósito revolvió lo que Troncón dijo en su desesperación, y luego la rechaza, la culpa por ello sin piedad, y le dice que ella es la que necesita madurar.

Troncón sintió que una espeluznante oscuridad se apoderaba de ella. Muchacho se alejaba, llevándose consigo todo lo que ella solía ser. Su núcleo. Su identidad. Su alma. Y por si eso no fuera suficientemente doloroso, en ese bendito lugar donde una vez habitó su alma, él había dejado una mierda gigante y apestosa.

Esta espeluznante oscuridad es la incapacidad de llenar la brecha de disonancia cognitiva. Confusión, desesperación y rendición es el resultado, y es el comienzo de lo que coloquialmente se conoce como un colapso mental.

"Oh! ¿Hey, Troncón?" Muchacho se detuvo y dio la media vuelta, como si tuviera algo muy importante que decir. "Acabo de descubrir algo."

"¿Qqqueee... Muchacho?" Apenas ella podía pronunciar sus palabras. Sus pensamientos nublados giraban sin sentido, en su intento desesperado por procesar lo que Muchacho acababa de hacerle. Ahora él tenía algo que decirle. ¿Qué sería?

Troncón aún no 'entiende' que Muchacho no la ama, que no hay un final mágico de cuento de hadas, y que él no es, de ninguna manera, el Príncipe Azul que su herida emocional le había hecho parecer. No es un buen Muchacho.

En lo absoluto. No hay un osito de peluche debajo de su ruda apariencia. Hay un lagarto primitivo y egoísta. No es un diamante en bruto. Es un monstruo hambriento en bruto, y está decidido a destruirla.

¿Estaba finalmente entendiendo cuán profundamente herida ella estaba?

No.

¿Cuán devastada se sentía en ese momento?

Ni remotamente.

¿Seguramente, a él le debe importar, aunque sea un poco?

No. Ni un poquito.

¿Quizás este era el momento en que él confesaría sus verdaderos sentimientos de amor por ella?

No, totalmente imposible.

¿El momento en que él arreglaría todo entre ellos?

¡¡Nooo!!

¿Quizás este era el momento en que se disculparía por haber sido tan horrible con ella todos estos años?

¡No, no, no, no, no!

¿Quizás este era el momento en que exoneraría su confusión y dolor y le agradecería que siempre estuviese ahí para él?

No va a suceder.

¿Quizás Muchacho estaba listo para profesar su amor eterno y su profundo aprecio por la maravillosa persona que Troncón había sido para él en su vida?

¡No, no lo hará!

Incluso si él aludiera un poco a algo de esto, aliviaría el dolor de ella enormemente. La vida de Troncón pendía de un hilo mientras esperaba sin aliento las palabras de despedida de Muchacho.

Observa que incluso ante tal desolación, la víctima se aferra a su poca esperanza. Piensa en esto como su 'ofrenda' de lo que queda de su alma para que el narcisista lo devore. Ella hace esto porque erróneamente cree que su salvación descansa únicamente en Muchacho. Ella no dirá esto. Ni siquiera lo pensará. Pero lo emulará. Y eso es suficiente.

"Acabo de darme cuenta... de que estás llena de mierda." Entonces Muchacho, sintiéndose el más listo por su rápido y doble sentido en este comentario, se rió de forma espeluznante.

De nuevo, la risa se traduce en indiferencia ante su dolor.

Troncón se quedo en silencio. Sólo vio cómo el amor de su vida le daba la espalda una vez más... ...y desaparecía lentamente en la puesta de sol. Nunca más lo volvió a ver.

No es el amor de su vida. Es el ladrón de su alma.

Y vivió vacía para siempre.

El Fin

El fin, de hecho... de la vida de Troncón como ella la ve. El lugar donde Troncón está aquí, al final de esta historia desgarradora, es totalmente el escenario para la ideación suicida. Puede tomar horas, días, semanas, meses, años, pero, sin intervención y conciencia, y sin que quede esencia espiritual (o alma) la vida en cuerpo físico es insoportable, ya que provoca una implacable disonancia cognitiva. Esto se vive como una ansiedad extrema y una necesidad urgente de cerrar la brecha de DisCog.

El intento por cerrar la brecha de DisCog se puede observar en una de las dos formas siguientes:

1) Obsesión por, y acecho al narcisista, ya que inconscientemente se ve impulsada a recuperar su alma.

2) Quitándose la vida, ya que se siente completamente muerta por dentro.

Esto no es difícil de entender si piensas en el falso yo del narcisista como una máscara sobre un enorme, poderoso, profundo y oscuro agujero negro. Si te acercas demasiado a él, tu alma y todas las cosas buenas y sanas de tu vida serán absorbidas por él. El único poder contra él es el conocimiento, sanando tu propia herida interior, y elevando tu existencia a una vibración más alta que ya no atraerá a los tiburones... como los narcisistas.

Si tú o un ser querido se siente suicida, o si tú trabajas en el campo de la salud mental, debes entender esto: una persona que es suicida muy probablemente ha sido abusada narcisistamente.

Ten cuidado con la medicación psicotrópica que puede exacerbar la ansiedad, ya que las heridas emocionales enterradas durante mucho tiempo pueden salir a la superficie. Se produce una sensación de desesperanza. Esto es en parte la razón por la que estos medicamentos pueden causar ideación suicida en algunas personas, pero no en otras.

Esto concluye nuestra exploración de las experiencias de Troncón con Muchacho en este libro. El viaje de Troncón continúa en mi próximo libro: El Troncón Sobreviviente, que detalla su dedicación a recuperarse a sí misma y ponerse de pie con su verdad.

Querido/a Lector/a,

Antes de escribir algo más para cerrar, quiero recordarte esto: ¡la mayoría de la gente NO es narcisista! Puede que estés en *hiperalerta* después de leer este libro, y diagnosticar narcisismo en tu familia y círculos sociales. Respira profundo, querido/a.

Dicho esto, hay suficientes narcisistas en el mundo para asumir que te hayas topado con algunos de ellos a lo largo de los años. Así que aunque no quiero que diagnostiques el narcisismo, no minimices tus experiencias tampoco.

El proceso de lectura de este libro puede haber sido tan agotador para ti como lo fue para mí el escribirlo. Sin embargo, también como para mí, tal vez la incomodidad valió la pena. Al leer El Troncón Que Regala, tus ojos se han abierto. Ahora, tú eres capaz de reconocer (y por lo tanto, protegerte de) el abuso narcisista. Por más enojado/a que te sientas, por favor no te enfrentes a un narcisista. Lo intenté, muchas veces -antes de saber algo mejor- y nunca funcionó bien. He sido golpeada, escupida, amenazada verbalmente y agredida físicamente. Me han arrojado múltiples objetos con la intención de herirme gravemente. He sido insultada, culpada, ridiculizada, degradada y satanizada en un esfuerzo por hacerme volver a una posición sumisa y hacer que renuncie a mi nueva solvencia económica. He sido acusada de ser bipolar, psicótica y enferma mental -por decir mi verdad-. He tenido que llamar a la policía para mi propia protección unas cuantas veces -de personas que yo creía que me amaban-.

Aunque la experiencia fue terrible y aterradora, veo que me he sanado hasta tal punto que ninguna de estas tácticas de intimidación fue capaz de hacerme renunciar a mi verdad -o forzarme a volver a una posición sumisa-. Este camino NO es fácil. Pero vale la pena. Ahora veo el horrible comportamiento de otras personas como un reflejo, mostrándome lo que necesita ser sanado y transformado dentro de mí - no dentro de ellos-. Esto es muy diferente a culparme a mí misma por su comportamiento. Esto se discutirá con más detalle en el segundo libro de esta serie: El Troncón Sobreviviente.

Pase lo que pase, NO hagas tu objetivo el vengarse de un narcisista, ni intentes hacerle entrar en razón. Eso sería tan práctico y factible como tratar de 'vengarte' de la fuerza gravitacional de la Tierra por hacerte caer y lastimarte. El hecho es que las personas que se comportan de manera narcisista están lidiando con traumas emocionales y físicos que no se han reconocido -y a pesar de las apariencias, son realmente miserables-. Esto no es un llamado a permitirles ser tal como son, sino a ti a sanarte, a perdonarlos y, en última instancia, trascender lo que han venido a enseñarte. En cualquier caso, no es de ti comprometer tus propios principios, tu alma o tu fuerza de vida para hacer que otra persona se comporte de cierta manera. Esto es especialmente cierto si esa persona no está dispuesta a hacer ningún esfuerzo personal para sanar su propia vida.

De hecho, cualquier esfuerzo que tú hagas para tratar de 'ayudar', especialmente si tú no has sanado tus propias heridas, sólo alimentará su patología y le permitirá manipularte aún más. En su lugar, dispónte a educarte a ti mismo/a e investigar tu herida subconsciente. Alégrate de saber de que tú estás, de hecho, dispuesta/o y capaz de hacer el trabajo necesario para sanar y transformar tu vida. Nunca habrías encontrado este libro, y mucho menos haberlo leído si no fuera así.

Por favor, recuerda que el crecimiento viene a través del dolor. La consciencia viene de nuestra asimilación de la verdad. Por muy agotadora que haya sido tu experiencia al leerlo, espero que *El Troncón Que Regala* te haya mostrado la verdad.

Gracias por permitirme ser parte de tu viaje. Me siento más honrada de lo que puedes imaginar.

Laurel Lee

Ciertamente, Alma amorosa, comparte

tus manzanas, pero hazlo sabiamente

Consciencia de sí mismo/a: Color y Contemplación

Colorea la foto del manzano de abajo. Contempla su belleza, sus hojas de un verde profundo, sus ramas sólidas, su tronco vital, sus profundas raíces en la Madre Tierra, su alegría, su energía de fuerza vital. ¿Cómo vive este hermoso árbol una vida más honorable? ¿Cómo sirve mejor a la humanidad? ¿Cómo honra mejor a toda la vida?

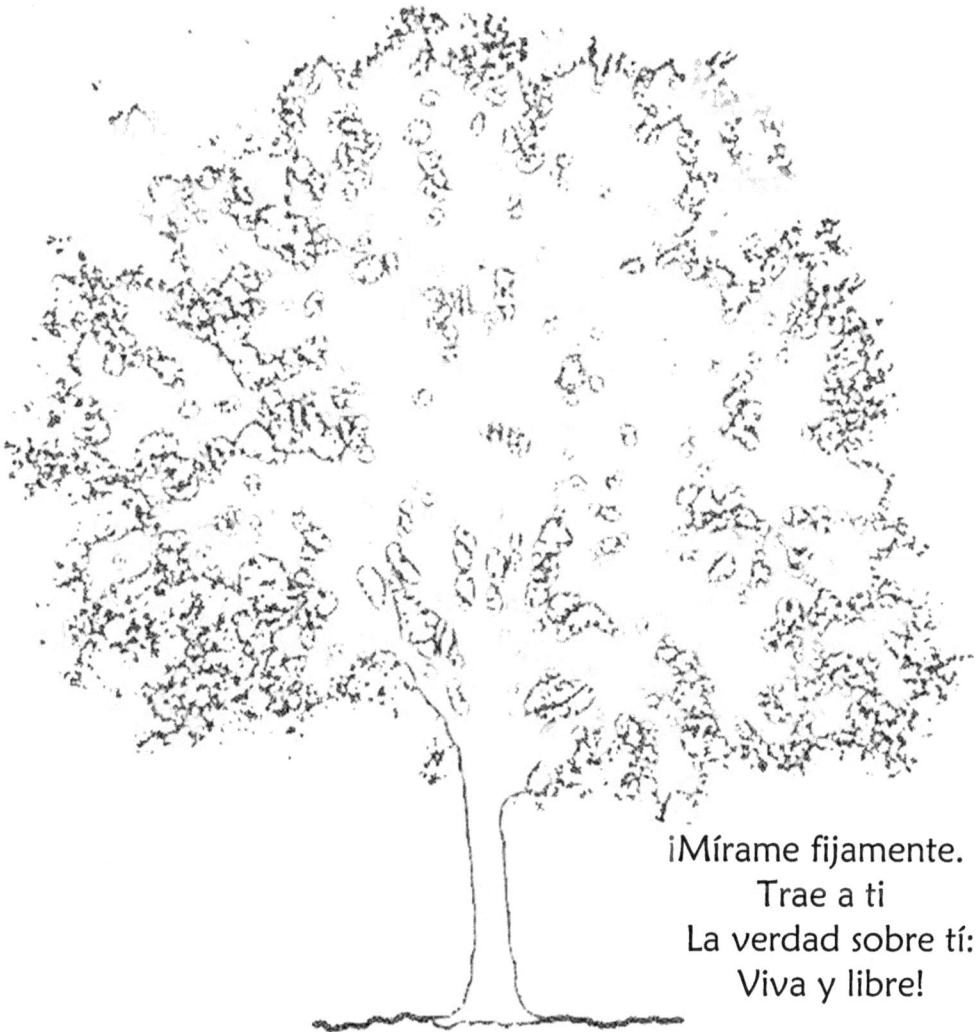

¡Mírame fijamente.
Trae a ti
La verdad sobre tí:
Viva y libre!

Consciencia de sí mismo/a: Contemplación y Diario

Contempla tu vida, tu verdad, tu potencial, tus dones y talentos únicos, tu verdadera fibra moral. ¿Cómo puedes vivir tu vida más honorable? ¿Cómo puedes servir mejor a la humanidad? ¿Cómo honras mejor a Dios? (lo Divino, el Universo, la Madre Naturaleza.)

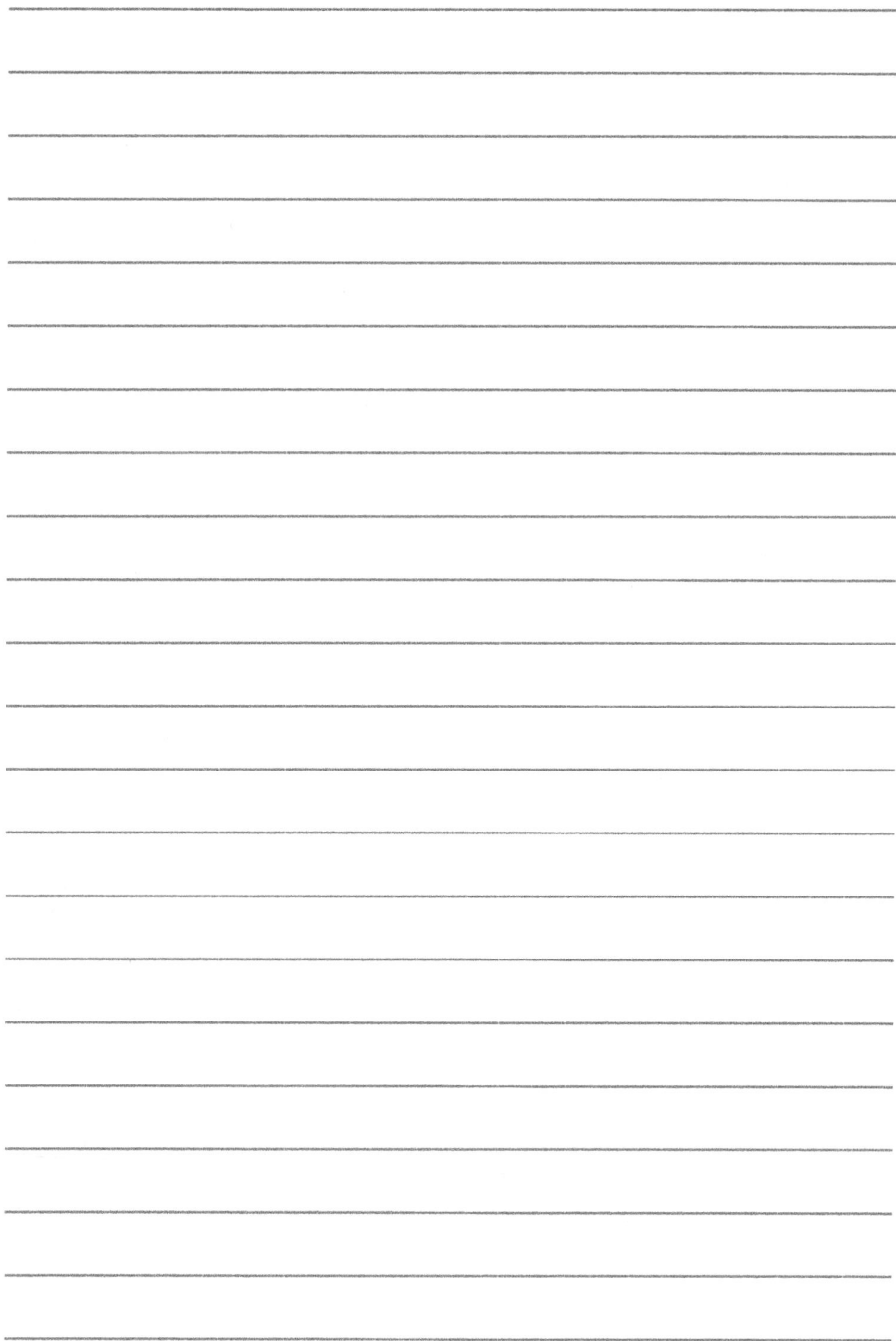

Mi más profunda gratitud...

...al difunto Shel Silverstein, el autor de "The Giving Tree" (El Árbol Que Regala). Que El Troncón Que Regala deje muy claro el significado de la historia que tú escribiste hace más de medio siglo. Te honro.

a Walkiria Nahnsen: Por traducir de manera experta este libro del inglés al español. ¡Su dedicación, intuición, amor y atención a los detalles es honrada y profundamente apreciada!

a Melanie Tonia Evans: por tu sabiduría, fe y luz que tan libremente compartes con los demás. Por tu Programa de Recuperación del Abuso Narcisista que ha sido una clave vital para mi proceso de sanación. ¡La humanidad se está beneficiando absolutamente del poder transformador de tu genialidad!

a Richard Grannon: por tu audacia pura y tu honestidad despiadada. Por la forma elocuente en que constantemente golpeas al narcisismo en la cara. Por ser una sólida voz de la razón y la refutación contra las omnipresentes y formidables falsedades que han plagado a muchos de nosotros durante demasiado tiempo.

a mis innumerables maestros, curanderos / sanadores, e incluso, de una manera extraña, a mis abusadores; sin ustedes, no podría haberme transformado espiritualmente al nivel que lo he hecho -y este libro no existiría-.

a Dr. y Master Zhi Gang Sha: por salvar mi alma cuando me estaba ahogando en el lodo espiritual. Estoy agradecida más allá de lo que puedo expresar con palabras por su sagrada sabiduría, sus bendiciones salvadoras y su amor puro e incondicional. Por favor, sepa que no estoy perdida; sólo necesito hacer esto.

A Laurel Production

www.ingramcontent.com/pod-product-compliance
Lightning Source LLC
Chambersburg PA
CBHW080510090426
42734CB00015B/3024